SUSANNE BODENSTEINER | SVEN KATMANDO CHRIST
FOTOGRAFIE: JULIA HOERSCH

LOW CARB

VOM FEINSTEN

INHALT

DIE GU-QUALITÄTS-GARANTIE

Wir möchten Ihnen mit den Informationen und Anregungen in diesem Buch das Leben er-leichtern und Sie inspirieren, Neues auszupro-bieren. Bei jedem unserer Bücher achten wir auf Aktualität und stellen höchste Ansprüche an Inhalt, Optik und Ausstattung. Alle Rezepte und Informationen werden von unseren Auto-ren gewissenhaft erstellt und von unseren Re-dakteuren sorgfältig ausgewählt und mehr-fach geprüft. Deshalb bieten wir Ihnen eine 100 %ige Qualitätsgarantie.

Darauf können Sie sich verlassen:
Wir legen Wert darauf, dass unsere Kochbücher zuverlässig und inspirierend zugleich sind.
Wir garantieren, dass:
• sämtliche Rezepte dreifach getestet,
• alle Anleitungen und Tipps in der Praxis geprüft und
• durch klar verständliche Texte und Stepfotos einfach umsetzbar sind.

Wir möchten für Sie immer besser werden:
Sollten wir mit diesem Buch Ihre Erwartungen nicht erfüllen, lassen Sie es uns bitte wissen! Wir tauschen Ihr Buch jederzeit gegen ein gleichwertiges zum gleichen oder ähnlichen Thema um. Nehmen Sie einfach Kontakt zu unse-rem Leserservice auf. Die Kontaktdaten unseres Leserservice finden Sie am Ende dieses Buches.

GRÄFE UND UNZER VERLAG
Der erste Ratgeberverlag – seit 1722.

KVIDIY

VORWORT

Sie haben es geschafft und mit Low Carb Ihr Wunschgewicht erreicht? Sie möchten es halten und haben deshalb Ihre Ernährung umgestellt? Wie schön! Dann stehen ja buntes Gemüse, frische Früchte, Eier, Nüsse, Fisch und Fleisch längst auf Ihrem täglichen Speiseplan. Und das darf auch gern so bleiben, wenn Sie am Wochenende, an Festtagen oder einfach so zur Feier des Tages etwas ganz Besonderes kochen wollen.

Hier finden Sie rund 100 Rezepte, mit denen Sie sich und Ihre Gäste unbeschwert vom Feinsten verwöhnen können: leichte Anmacher und vollmundige Appetizer, raffinierte Fleisch- und Fischgerichte, vegetarische Highlights und unwiderstehliche Desserts. Alle haben eines gemeinsam: Der Kohlenhydratanteil liegt bei maximal 30 Prozent (häufig darunter), der Wohlfühlfaktor aber bei 100 Prozent.

Auf dem Bauernmarkt und im Asienladen, beim türkischen Feinkosthändler und im ganz normalen Supermarkt, beim Metzger und im Fischgeschäft haben wir nach feinsten Low-Carb-Produkten Ausschau gehalten und mit aromatischen Kräutern und feurigen Gewürzen gemixt. Bei der Rezeptentwicklung haben wir uns von den Küchen der Welt inspirieren lassen. Und nebenbei geben wir auch eine Menge Tipps, wie Sie Kraut selbst fermentieren, kohlenhydratarmes Linsenbrot backen und Menüs, Feste und traditionelle Essen unkompliziert und Low-Carb-kompatibel gestalten können.

Genießen Sie mit Ihren Gästen »Low Carb« – den Duft des Orients und bodenständig-kräftige Spezialitäten, die Aromen ostasiatischer Garküchen und mediterranes Flair.

Guten Appetit und viel Freude beim Schlemmen und stilvollen Tafeln wünschen Ihnen

Susanne Bodensteiner　　*Sabu Christe*

SERVICE

Artischocken begeistern Feinschmecker mit ihrem nussig-aromatischen Geschmack, Low-Carb-Köche mit ihren wenigen Kohlenhydraten und Ernährungsexperten mit all ihren inneren Werten: Die kugeligen oder ovalen Knospen einer Distelblüte sind reich an Vitamin C, Kalium und Magnesium. Cynarin heißt der Bitterstoff, der den herben Geschmack ausmacht und auch unsere Leber bei der Arbeit unterstützt. So können Artischocken den Blutzuckerspiegel und die Cholesterinwerte positiv beeinflussen. Die große »Camus de Bretagne« ist perfekt geeignet zum Zupfen und Dippen, die kleineren Italiener lassen sich dagegen gut im Ganzen schmoren.

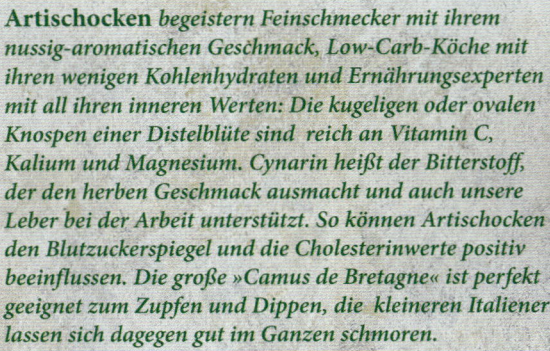

IM LOW-CARB-CHECK:
TRENDZUTATEN

Avocado ist unser Liebling in der Low-Carb-Küche! Denn sie macht mit wenigen Kohlenhydraten (9 g pro 100 g) schön satt und enthält ungesättigte Fettsäuren, die für unser Wohlbefinden wertvoll sind: Fett vom Feinsten! Nebenbei liefert sie auch Vitamine (vor allem A, C, E und Vitamine aus der B-Gruppe), reichlich Kalium, dazu sekundäre Pflanzenstoffe. Perfekt ausgereifte Früchte erkennen Sie am »ready to eat«-Aufkleber, steinharte können Sie zu Hause in Zeitungspapier gewickelt nachreifen lassen.

Babyleaves Die kalorien- und kohlenhydratarmen Blättchen stecken voll Aroma. Im Supermarkt finden Sie unterschiedliche Mischungen: Baby-Mangold und zarte Blattspinatblätter sind meistens dabei, manchmal auch essbare Blüten. Einen würzigen Kräutermix bekommen Sie auf dem Gemüsemarkt. Babyleaves müssen nicht groß geputzt, aber immer sorgfältig gewaschen und trocken geschleudert werden, vor allem, wenn Sie sie plastikverpackt kaufen. Sie können mit Keimen belastet sein, auch wenn sie appetitlich frisch aussehen.

Beeren sind mit ihrem niedrigen Kohlenhydratgehalt (unter 10 g pro 100 g) wie geschaffen für die Low-Carb-Ernährung – Powerpakete, die arm an Fruchtzucker, jedoch reich an gesunden Ballaststoffen, Vitaminen und Mineralstoffen wie Kalium oder Kalzium sind. Ihr Pflanzenfarbstoff, von dem Brombeeren und Heidelbeeren besonders viel abbekommen haben, stärkt unser Immunsystem und soll unter anderem der Zellalterung entgegenwirken. Genießen Sie Beeren frisch gepflückt aus der Region: Erdbeeren von Mai bis August, im Hochsommer Himbeeren, Heidel- und Johannisbeeren und bis Mitte Oktober Brombeeren. Und außerhalb der Saison stehen sie uns tiefgekühlt zur Verfügung.

Dunkle Schokolade ist die einzige, die Low-Carb-Köchen das Leben versüßen darf, denn sie enthält wenig Zucker. Je dunkler, desto Low-Carb-kompatibler und edler: Der Anteil an Kakaomasse und Kakaobutter sollte mindestens 70 % betragen. Gute Schokolade hat ihren Preis, weil sie aus besonders hochwertigen Kakaosorten besteht. Zudem steckt in Billigschokoladen oft einfaches Pflanzenfett statt Kakaobutter. Im Bioladen finden Sie auch Kuvertüre mit hohem Kakaoanteil.

Granatapfel ist ein eher zucker- und damit kohlenhydratreicherer Exot. In kleinen Mengen dürfen Sie sich jedoch die funkelnden Kerne, die mit säuerlich-süßem bis herbem Aroma den Gaumen kitzeln, gönnen. Schließlich bringen sie auch Vitalstoffe wie Kalium, B-Vitamine und Eisen mit. Der hohe Gehalt an Antioxidantien begründet ihren Ruf als paradiesisches Superfood. Um an die Kerne zu gelangen, die Frucht längs vierteln, dann lassen sie sich einfach herauspulen.

Edamame Sushi-Appetizer, Szenekoch-Liebling, Supermodel-Snack! Und auch in der Low-Carb-Küche sind die kleinen grünen Sojabohnenkerne mit ihrem süßlich-nussigen Geschmack willkommen. Denn sie enthalten zwar wie alle Hülsenfrüchte Kohlenhydrate (10 g pro 100 g), diese jedoch vor allem in Form von Sattmacher-Ballaststoffen. Tatsächlich sind sie kleine Eiweißpakete, gespickt mit reichlich Vitaminen (vor allem A und E) sowie Kalzium und Eisen. Am besten bekommen Sie Edamame-Schoten tiefgekühlt im Asienladen, in größeren Supermärkten auch bereits ausgelöste, vorgegarte TK-Kerne.

Honig besteht vor allem aus Frucht- und Traubenzucker, enthält also reichlich Kohlenhydrate, daneben jedoch auch Mineralstoffe und Vitamine, allerdings in Minimengen. Was trotzdem für Honig spricht: Er erhöht den Blutzuckerspiegel langsamer als Zucker. Als echtes Naturprodukt bietet er ein spannenderes Geschmacksspektrum und lässt sich deshalb sparsamer dosieren. Bevorzugen Sie rohen, d. h. nicht erhitzten, nur geschleuderten und gefilterten Honig direkt vom Imker.

Kokosmilch *darf in der Low-Carb-Küche selbstverständlich nur ungesüßt auftauchen. Ihr Kohlenhydratanteil ist aber – wie auch der Fettanteil – trotzdem nicht einheitlich (in der Regel 15 g pro 100 g). Achten Sie aufs Etikett! Es kommt auf das Verhältnis von Kokosnussfruchtfleisch und Wasser an. Je weniger Wasser, desto mehr Kohlenhydrate und Fett sind enthalten und desto intensiver ist der Geschmack!*

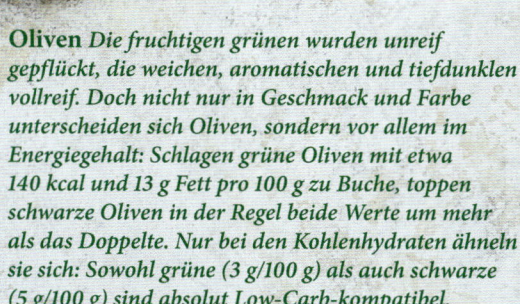

Oliven *Die fruchtigen grünen wurden unreif gepflückt, die weichen, aromatischen und tiefdunklen vollreif. Doch nicht nur in Geschmack und Farbe unterscheiden sich Oliven, sondern vor allem im Energiegehalt: Schlagen grüne Oliven mit etwa 140 kcal und 13 g Fett pro 100 g zu Buche, toppen schwarze Oliven in der Regel beide Werte um mehr als das Doppelte. Nur bei den Kohlenhydraten ähneln sie sich: Sowohl grüne (3 g/100 g) als auch schwarze (5 g/100 g) sind absolut Low-Carb-kompatibel.*

Kräuterseitlinge *Wenig Kohlenhydrate, kein Fett, hochwertiges Eiweiß – wie alle Pilze sind auch Kräuterseitlinge gern gesehen in der Low-Carb-Küche! Und punkten dort mit ihrem intensiven Aroma, das an Steinpilze heranreicht. Im Gegensatz zum raren »König der Pilze«, der nur im Spätsommer und Herbst auftaucht, bekommen Sie Kräuterseitlinge rund ums Jahr. Nahe Verwandte sind Austernpilze und die besonders aromatischen Kastanien- oder Zitronenseitlinge, die Sie vor allem in Bioläden finden.*

Quinoa *Die Superkörnchen aus Südamerika enthalten hochwertiges Eiweiß (mehr als Reis), und einen nennenswerten Anteil an Eisen und Magnesium. Dank vieler Ballaststoffe machen sie schön satt. Leider sind sie pur genossen kein Favorit für die Low-Carb-Ernährung. Denn das Pseudogetreide enthält – fast wie echtes Getreide – über 60 g verwertbare Kohlenhydrate pro 100 g. Das Superfood deshalb nur in eher kleinen Mengen genießen!*

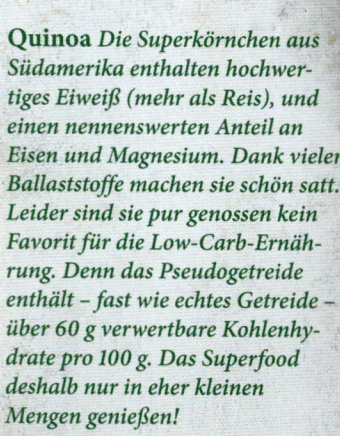

Topinambur *enthält nur 4 g Kohlenhydrate pro 100 g – kein Wunder, dass die geringelten Knöllchen auch Diabetiker-Kartoffeln genannt werden. Außerdem steckt Inulin in dem aus Südamerika stammenden Gemüse. Dieser Ballaststoff wirkt sich positiv auf den Blutzuckerspiegel aus. Für Rohkost die Topinamburknollen gut waschen, abbürsten, mit Schale raffeln und mit einem Dressing servieren.*

Sojasauce *Auch wenn sie vor allem salzig schmeckt, kann unsere Lieblings-Asiawürze Zucker und damit unerwünschte Kohlenhydrate enthalten. Achten Sie auf die Zutatenliste: Werden Karamell, künstliche Aromen oder Zucker genannt, so lassen Sie die Flasche im Regal stehen. Für die Low-Carb-Küche kaufen Sie am besten eine Sauce, die auf traditionelle Art nur aus Sojabohnen, Wasser und Salz, ohne Weizen, gebraut wurde und durch langsames Reifen ihren vollmundigen Geschmack und die typische Farbe entwickeln konnte. Ohne Weizen hergestellte Sojasaucen heißen auch Tamari.*

Walnüsse *Unter der harten Schale verbergen sich kleine Kraftpakete, großzügig ausgestattet mit Eiweiß, Omega-3-Fettsäuren (mehr als bei Fisch), Mineralstoffen und Vitaminen der B-Gruppe. Vitamin E ist obendrein auch noch dabei. So können die Powerkerne knallhart unser Immunsystem und unsere Nerven stärken. Interessant für Low-Carb-Köche: Walnüsse haben – wie alle Kerne – wenig Kohlenhydrate, doch dank der Fettsäuren sättigen sie gut, sind Gold wert bei Heißhungerattacken und bringen Crunch und eine Portion »Umami«-Wohlgeschmack ins Essen.*

Schwarzkohl *Der feine Grünkohl-Verwandte stammt aus Italien und wurde dort schon zu Zeiten der Römer angebaut. Mittlerweile bekommen Sie »cavalo nero« auch hierzulande auf Gemüsemärkten und in Bioläden, meist wird er bundweise verkauft. Mit seinem beachtlichen Kalzium- und Vitamingehalt zählt der Südländer – wie auch unser kräftig grünes Wintergemüse aus dem Norden – zu den neuen Superfoods. Und mit rund 4 g Kohlenhydraten pro 100 g macht er sich in der Low-Carb-Küche – wie alle Kohlsorten – ganz hervorragend. Dank der Ballaststoffe ist er sättigend, aber kalorienarm.*

LOW CARB
FÜR GÄSTE

Möchten Sie Gäste mit einem Low-Carb-Menü verwöhnen? Hier ein paar Tipps für einen entspannten und unbeschwerten Abend.

Menü-Planspiele

Bei der Zusammenstellung eines Low-Carb-Menüs achten Sie natürlich zunächst auf die Kohlenhydrate: Die Speisen vor und nach einem reinen Fisch- oder Fleisch-Hauptgang dürfen kohlenhydratreicher ausfallen. Servieren Sie aber ein Hauptgericht mit Quinoa oder stärkereicherem Gemüse (z. B. Kürbis, Möhren) bzw. Hülsenfrüchten und/oder ein süßes Dessert, starten Sie am besten mit einer No-Carb-Vorspeise. Unsere Rezepte aus dem Buch können Sie untereinander nach Belieben kombinieren, denn sie enthalten generell maximal 30 Prozent verwertbare Kohlenhydrate. Setzen Sie in jedem Fall auf Abwechslung: Servieren Sie nach einem Salat mit Hähnchenfilet und Avocado nicht gerade Chicken Mole mit Avocado. Neben den Zutaten sollte – außer beim Grillfest – auch die Zubereitungsart variieren. Konkrete Menüvorschläge für viele Gelegenheiten finden Sie hier im Buch auf den Seiten 184 und 185.

Kleinigkeiten zum »Apéro«

Möchten Sie ein paar Appetizer servieren? Als kleine Knabbereien bieten sich Kale-Chips aus dem Supermarkt, Cashew- oder Pecannüsse, mit Mandeln gefüllte grüne Oliven, Edamame (Seite 9), Parmesancracker oder Kirschtomaten an. Wer mehr Zeit hat, bereitet etwas Fingerfood vor: kleine Spießchen mit Oliven und Schafskäse oder Debrezinern, Schinken oder Bündnerfleisch, gebratenen Putenwürfeln, in Öl eingelegten, getrockneten Tomaten und Mini-Mozzarellakugeln oder Mini-Käsewürfeln. Auch Gemüsesticks mit Dip (z. B. dem Ziegenkäse-Trifle von Seite 46 oder

der Zitronen-Mayo von Seite 40) oder die Frittata-Würfel mit Spinat und Taleggio (Seite 51) ergänzen den Apéro aufs Feinste und können gut vorbereitet werden.

Käse zum Schluss

Ob Appenzeller, Brie oder Cheddar – Käse ist ein No-Carb-Produkt. Eine Platte mit verschiedenen Sorten dürfen Sie also großzügig und ganz nach persönlicher Vorliebe zusammenstellen. Allerdings sollten Sie auf Brot verzichten. Und auch bei Chutneys und Marmeladen, die gern zu gereiftem Käse gereicht werden, sollten Sie sich zurückhalten. Denn selbst herbe Quittenkonfitüre enthält noch reichlich Zucker. Servieren Sie die Käsesorten besser mit frischem Obst und Gemüse: mit dünn geschnittenen Melonenscheiben, Trauben, Beeren, Gurke, Paprika oder Tomate. Parmesan in Stückchen brechen und mit gereiftem Aceto balsamico beträufeln. Frischkäse auf Chicorée- oder Radicchio-Blättern servieren. Edelpilzkäse mit Birnen- oder Apfelscheibchen reichen.

Low-Carb-Tipps für Raclette, Fondue und Grillparty

Raclette und Käsefondue funktionieren sehr gut ohne Kartoffeln und Weißbrot. Bereiten Sie stattdessen knapp blanchiertes Gemüse wie etwa Rosenkohl, Brokkoli-, Romanesco- oder Blumenkohlröschen vor, stellen Sie kurz gebratene Pilze, Sprossen, geschälte und gegarte Garnelen, Fleisch- oder Fischstückchen dazu. Im Raclettepfännchen sehr gut überbacken lassen sich auch Rucola, Frühlingszwiebelringe, Paprikastreifen, mit Basilikum oder Oregano gewürzte Tomatenwürfel.

Fleisch- und Fischfondue passen perfekt in die Low-Carb-Küche, ob in der Öl-Version oder mit Brühe als chinesischer Feuertopf. Bieten Sie neben verschiedenen Sorten Fleisch auch Fischfilet, Garnelen und Oktopusstücke an, außerdem Pilze und Gemüse wie Möhren- oder Topinamburstückchen, Blumenkohlröschen, die alle nicht vorgegart werden müssen. Vorsicht bei Fertigsaucen! Feurige Chilisaucen oder würzig-scharfe Chutneys enthalten in der Regel sehr viele Kohlenhydrate in Form von Zucker oder modifizierter Stärke (Zutatenliste beachten!). Für den Schärfe-Kick sind Harissa und Sambal oelek erlaubt, weil sie vor allem aus roten Chilischoten bestehen. Als Saucen bieten sich aus diesem Buch Dill-Schnittlauch-Pistou (Seite 74), Chimichurri (Seite 80), Avocado-Koriander-Creme (Seite 90), Koriander-Limetten-Pesto (Seite 118), Safran-Mayo (Seite 130), Tomaten-Pfirsich-Relish (Seite 132) und Walnussjoghurt (Seite 138) an.

Alle diese Dips können Sie auch hervorragend zu Fleisch, Fisch und Gemüse vom Grill servieren. Wunderbar auf dem Grill zubereiten lassen sich übrigens die Lamm-Paprika-Spieße (Seite 90), die gefüllten Tintenfisch-Tuben (Seite 118) oder – als vegetarisches Low-Carb-Schmankerl – die gefüllten Rondini mit Feta und Cashewkernen (Seite 154). Statt kohlenhydratreichem Kartoffelsalat genießen Sie dazu z.B. Peperonata (Seite 104), Ratatouille (Seite 140) oder die Edame-Nudeln mit Kräutern, Mango und Chili (Seite 33). Grillpartytauglich ist auch der warme Auberginensalat mit Champignons und gegrilltem Bambus (Seite 54).

LOW-CARB-
GETRÄNKE

Bei einer strengen Low-Carb-Ernährung sollten Sie
alkoholische Getränke eher meiden. Doch wenn Gäste
kommen, können Sie ruhig großzügiger sein.

Happy Hour – Low Carb

Zur Begrüßung dürfen Sie gern mit ihren Gästen mit einem perlenden Sekt, Crémant, Cava oder Champagner anstoßen. Lassen Sie sich bei der Geschmacksrichtung, die auf dem Etikett genannt wird, aber nicht in die Irre führen: Denn Schaumwein mit der Bezeichnung »extra dry« (extra trocken) kann pro Flasche durchaus die Restsüße von umgerechnet 3–4 Stück Würfelzuckern aufweisen, eine Flasche »medium dry« bzw. »demi-sec« (halbtrocken) sogar über 10 Stück! Wählen Sie deshalb »brut nature« (naturherb), oder »extra brut« (extra herb). Hier hält sich die Restsüße in Low-Carb-freundlichen Grenzen, der Geschmack ist allerdings dementsprechend säurebetont.

Weiß- und Rotweine begleiten ein klassisches Menu perfekt, das gilt auch beim Low-Carb-Menü. Wählen Sie trockene Weine aus Italien, Frankreich oder Spanien. Sie weisen pro Liter maximal 2 g Restzucker auf, Weine aus Deutschland und Österreich bei hohem Säuregehalt bis zu 9 g. Edelsüße Weine wie etwa Spätlesen, Sauternesweine, Banyuls, Sherry oder Vin santo sollten im Low-Carb-Weinregal eher tabu sein.

Harte Sachen sind dagegen Low-Carb-kompatibel. Tatsächlich enthalten Gin, Rum, Wodka, Tequila und andere Spirituosen zwar reichlich Alkohol, aber keine Kohlenhydrate, allerdings nur, wenn man sie pur »on the rocks« genießt. Mit Fruchtsäften, Lime-Juice, Likör oder Sirup gemixt, sieht die Bilanz schnell anders aus. Für einen Low-Carb-Cocktail können Sie kohlenhydratarme Früchte wie etwa Himbeeren verlesen und mit etwas weißem Rum, 1 Spritzer Zitronensaft und 1 Handvoll Eis mixen. Oder 50 g Honigmelone im Mixer pürieren, mit 4 cl Wodka und 1 Spritzer Limettensaft mixen und mit herbem oder extra trockenem Sekt aufgießen. Zu üppig gespeist? Ein hochprozentiger Digestif, z. B. ein guter Obstbrand, Grappa oder Calvados, ist zum Abschluss eines Low-Carb-Menüs erlaubt.

Das aus Weizen gebraute Bier hat leider überhaupt keine Chance in der Low-Carb-Küche – weder als Lager, Pils, Weißbier oder Alt. Die meisten Kohlenhydrate sind im alkoholfreien Bier enthalten.

Favoriten ohne Alkohol

Wasser ist ganz klar das Low-Carb-Getränk Nummer 1, aber leider auch langweilig. Peppen Sie es mit Scheiben von 1 Bio-Limette, -Zitrone oder auch -Grapefruit auf – dafür gibt es sogar spezielle Karaffen mit Aromafach. Geben Sie hauchdünne Ingwerscheibchen mit ins Wasser oder lassen Sie essbare Blüten darauf schwimmen. Es muss kein teurer bei Vollmond abgefüllter Tropfen oder Wasser aus einer von Calvin Klein designten Flasche sein. Denn unser Leitungswasser wird hierzulande streng kontrolliert und überzeugt selbst Sommeliers bei Blindverkostungen regelmäßig in Sachen Qualität und Geschmack. Aber lassen Sie sich ruhig – vor allem, wenn Gäste da sind – bei der Präsentation von den Luxusmarken inspirieren und servieren Sie das Wasser in außergewöhnlichen Gefäßen, dekorativen Flaschen oder formschönen Karaffen.

Kokoswasser schmeckt außerhalb der Tropen auch bei uns immer mehr Sportlern, Hipstern und allen, denen Wasser zu langweilig ist. Der Saft grüner, junger Kokosnüsse enthält so gut wie kein Fett, kein Eiweiß, aber reichlich Mineralstoffe und Spurenelemente. Sein Kohlenhydratanteil schwankt je nach Reifegrad, Erntezeitpunkt oder Sorte der Kokosnüsse, liegt aber in der Regel unter 4 g pro 100 g. Kokoswasser wird häufig aromatisiert, z. B. mit Fruchtsäften oder Agavensirup. Achten Sie auf die Zutatenliste. Sie finden Kokoswasser, meist im Tetrapak, im Reformhaus, in Asien- und Bioläden.

Ob weiß, grün oder schwarz: Tee ist eiskalt und heiß ein Getränke-Favorit für Low-Carb-Genießer – ein hervorragender Durstlöscher und auch gästefein. Doch bitte keinen Fertig-Eistee beim Sommerfest servieren – Zucker pur! Mischen Sie ihn lieber selbst aus frisch gebrühtem, starkem Früchtetee, reichlich Eis und etwas Honig. Heiße Alternative: Für 1 Tasse marokkanischen Minztee 1 TL grünen Tee mit 90° warmem Wasser übergießen und ca. 1 Min. ziehen lassen, dann über ein paar zerquetschte Minzeblättchen abseihen. Alles nochmals 3 Min. ziehen lassen, dann abgießen. Die Franzosen genießen traditionell eine Tasse Verveine-Infusion zum Abschluss eines Menüs. Der bitter-herbe Tee ist allerdings nicht jedermanns Geschmack.

Perfekt rundet frisch gebrühter, starker Espresso das Low-Carb-Menü ab, am besten knallheiß serviert. Und ein Löffelchen Zucker im Kaffee sollte der guten Low-Carb-Stimmung keinen Abbruch tun.

REZEPTE

KALTE VORSPEISEN UND SALATE

Wir starten cool und knackig ins Low-Carb-Menü – mit taufrischen Salaten, Gemüse in allen Farben des Regenbogens und starken Aromen von Fisch und Fleisch. Unsere frechen Appetizer kommen crossover mal mit Ponzudressing, mal mit Papaya, mal mit Pecannuss daher und immer mit einer geballten Portion Eiweiß. Lassen Sie sich von unseren frischen Ideen anmachen!

RUCOLASALAT MIT KRÄUTERSEITLINGEN, MOZZARELLA, WALNUSS UND GRANATAPFEL

160 g Rucola | 1 kleiner Granatapfel
(ca. 220 g) | 1 ½ EL Balsamico bianco
1 Msp. Honig | Salz | frisch gemah-
lener Pfeffer | 4 EL Olivenöl
4 EL Walnusskerne | 4 mittelgroße
Kräuterseitlinge (à ca. 30 g) oder
2 große | 120 g Mozzarella-Perlen

Für 4 Personen
25 Min. Zubereitung
Pro Portion ca. 285 kcal, 10 g EW,
23 g F, 10 g KH

1 Rucola verlesen, grobe Stiele abschneiden. Blättchen waschen, trocken schleudern und auf vier Tellern auslegen.

2 Granatapfel längs vierteln und aus jedem Viertel vorsichtig über einer Schüssel die Kerne herauspulen, den Saft dabei auffangen. 2 EL Saft mit dem Balsamico, dem Honig, Salz und Pfeffer verrühren. 3 ½ EL Öl unterschlagen. Knapp die Hälfte des Dressings über die Rucolasalate träufeln.

3 Walnusskerne hacken. Die Pilze putzen, dann längs in dünne Scheiben schneiden. Eine Grillpfanne oder Pfanne stark erhitzen, die Walnusskerne darin ganz kurz anrösten, dann herausnehmen.

4 Die Pfanne mit dem übrigen Öl auspinseln und erneut erhitzen. Die Pilzscheiben nebeneinander in die Pfanne legen und auf beiden Seiten je nach Dicke der Scheiben 1–3 Min. bei großer Hitze braten. Die Pilze leicht salzen und pfeffern und auf die Salatteller verteilen.

5 Die Granatapfelkerne darüberstreuen. Dann die Mozzarella-Perlen auf die Salate geben. Restliches Dressing darüber verteilen. Die Salate mit den Walnüssen bestreut servieren.

SELLERIE MIT HASELNUSS, FELDSALAT UND ROTER KRESSE

1 Den Sellerie putzen, schälen und in gut ½ cm dicke Scheiben, dann in Würfel schneiden. Die Zwiebel schälen und sehr fein würfeln. Die Clementine waschen und abtrocknen. Gut 1 TL Schale abreiben. Den Saft auspressen.

2 Inzwischen die Brühe mit Kurkuma aufkochen. Die Selleriewürfel darin in 2–3 Min. zugedeckt bissfest garen. Dann die Würfel in ein Sieb abgießen, dabei den Sud auffangen, und den Sellerie in eine Schüssel geben.

3 1 EL Sonnenblumenöl in einer Pfanne erhitzen. Zwiebelwürfel darin 2–3 Min. bei kleiner Hitze andünsten. Die Pfanne vom Herd nehmen. Selleriesud, Senf, 2 EL Clementinensaft und den Balsamico unter die Zwiebel in der Pfanne rühren. ½ TL Clementinenschale, Salz und Pfeffer dazugeben und mit dem restlichen Sonnenblumen- und Haselnussöl unterschlagen. 1 EL vom Dressing abnehmen und beiseitestellen, den Rest über die Selleriewürfel gießen. Den Salat 2 Std. ziehen lassen, dann nochmals abschmecken.

4 Vor dem Servieren die Friséeblätter verlesen und klein zupfen, beim Feldsalat die kleinen Wurzeln wegschneiden. Salate gründlich waschen und trocken schütteln. Die Kresse vom Beet schneiden.

5 Den Selleriesalat auf vier Tellern anrichten, z. B. jeweils mittig als Häufchen oder mithilfe eines Servierrings. Die Haselnusskerne kleiner hacken und in einer Pfanne ohne Fett rösten, bis sie duften. Haselnüsse bis auf einen kleinen Rest mit der restlichen Clementinenschale über den Salat streuen. Feldsalat und Friséeblätter mit den übrigen Haselnüssen drumherum arrangieren. Restliches Dressing über die Blätter träufeln. Die Salate mit Kresse bestreuen.

750 g Knollensellerie | 1 kleine weiße Zwiebel | 1 Bio-Clementine
300 ml leichte Gemüsebrühe
1 Prise Kurkumapulver
3 EL Sonnenblumenöl
½ TL körniger Rotisseur-Senf
2 EL Balsamico bianco | Salz
frisch gemahlener schwarzer Pfeffer
2 EL Haselnussöl
einige Blätter Friséesalat
80 g Feldsalat (möglichst kleine Blätter) | ½ Beet rote Kresse
2 EL Haselnusskerne

Für 4 Personen
40 Min. Zubereitung
2 Std. Marinieren
Pro Portion ca. 190 kcal, 4 g EW, 16 g F, 7 g KH

BLATTSALATE MIT HÄHNCHENFILET, AVOCADO, TRAUBEN UND PECANNUSS

Zartes Hähnchenfleisch und ein großer Teller Salat – ein leichter Genuss, den Sie sich sogar in Diätphasen gönnen dürfen. Und der dank Avocado und Nüssen trotzdem herrlich satt macht.

FÜR DAS HÄHNCHEN:
2 Hähnchenbrustfilets (à ca. 150 g)
100 g Buttermilch
2 TL milder Essig (z. B. Apfelessig oder Balsamico bianco)
1 kleines Stück Ingwer (ca. 2 cm)

FÜR DEN SALAT:
160 g Babyleaves (Baby-Mangold, zarter Blattspinat, roter Feldsalat etc.)
½ Bund Schnittlauch
1 große Avocado
2 EL Zitronensaft
1 kleine Handvoll kernlose rote Trauben
1 Handvoll Pecannusskerne

FÜR DAS DRESSING:
4 EL Balsamico bianco
1 EL Ahornsirup
Salz
frisch gemahlener schwarzer Pfeffer
8 EL Pecan-, Hasel- oder Walnussöl

Für 4 Personen
30 Min. Zubereitung
12 Std. Marinieren
20 Min. Garen
Pro Portion ca. 455 kcal, 21 g EW, 36 g F, 10 g KH

1 Die Hähnchenfilets waschen, trocken tupfen und in einen Gefrierbeutel geben. Buttermilch und Essig verrühren, Ingwer schälen und dazureiben. Buttermilch zu den Hähnchenfilets gießen. Den Beutel gut verschließen und durchkneten, damit sich Hähnchen und Marinade gut verbinden. Hähnchen im Kühlschrank mindestens 12 Std. ziehen lassen, am besten über Nacht.

2 Dann den Backofen auf 200° vorheizen. Hähnchenfleisch aus der Marinade nehmen und in einer ofenfesten Form im heißen Ofen in ca. 20 Min. garen, aus dem Ofen nehmen und abkühlen lassen.

3 Während der Abkühlzeit die Babyleaves verlesen, grobe Stiele abschneiden. Blätter waschen, trocken schleudern und auf vier Tellern auslegen.

4 Für das Dressing den Balsamico bianco mit dem Ahornsirup, Salz und Pfeffer verrühren, dann das Nussöl unterschlagen.

5 Schnittlauch waschen, trocken schütteln und in Röllchen schneiden. Die Avocado schälen und halbieren. Fruchtfleisch in mundgerechte Scheiben schneiden und mit Zitronensaft beträufeln. Die Trauben vorsichtig abbrausen und trocken tupfen, nach Belieben halbieren.

6 Knapp die Hälfte des Dressings über die Salate träufeln. Das abgekühlte oder lauwarme Hähnchenfilet in hauchdünne Scheibchen schneiden und neben den Salaten anrichten. Avocadoscheiben mit den Trauben und Pecannüssen auf dem Salatbett arrangieren. Schnittlauch darüberstreuen. Alles mit dem restlichen Dressing beträufeln und servieren.

SALAT MIT GRAPEFRUIT, BÜNDNERFLEISCH UND BRUNNENKRESSE

Ein belebender, frischer Salat, der mit dem Bündnerfleisch auch ein perfektes Mittagessen sein kann. Eine Vitamin-bombe, die einen gut durch den Tag bringt.

2–3 Grapefruits
2 EL Estragonessig
2 EL Walnussöl
1 EL Olivenöl
1 TL Feigensenf
1 Prise Wasabipulver
Salz
100 g Brunnenkresse
50 g Radieschensprossen
150 g fein aufgeschnittenes
  Bündnerfleisch

Für 4 Personen
15 Min. Zubereitung
Pro Portion ca. 250 kcal, 16 g EW,
12 g F, 16 g KH

1 Die Schalen der Grapefruits samt der weißen Haut mit einem scharfen Messer dick bis ins Fruchtfleisch abschneiden, die Filets zwischen den Trennhäutchen herauslösen und in eine Schüssel geben. Den Essig mit den Ölen, Feigensenf und Wasabi vermischen und das Dressing leicht salzen.

2 Die Brunnenkresse verlesen, waschen und trocken schleudern, dann mit den Radieschensprossen zu den Grapefruitfilets in die Schüssel geben. Das Dressing dazugeben und alle Zutaten vorsichtig mischen.

3 Den Grapefruit-Brunnenkresse-Salat auf vier Tellern anrichten. Das Bündnerfleisch grob zerzupfen und auf dem Salat verteilen.

RADIESCHENSPROSSEN HOMEMADE

Radieschensprossen kann man ganz einfach selber ziehen – am besten in einem Sprossenglas auf der Fensterbank. Die Samen in das Glas geben und dieses mit Wasser füllen, um die Samen zu spülen. Das verschlossene Keimglas über dem Waschbecken auf den Kopf stellen, sodass das Wasser abfließen kann. Nun das Glas verkehrt herum leicht schräg auf die Fenserbank stellen – kleinen Teller unterlegen. Nun heißt es dreimal täglich die Sprossen mit Wasser spülen und warten. Die Keimlinge sind nach ca. 5 Tagen genussreif.

GRÜNER FRISCHE-KICK RUND UMS JAHR

Die kälteresistente Brunnenkresse gedeiht an Bächen und Seen beinahe das ganze Jahr über. Deshalb stärkt sie bereits im Frühling und noch im Spätherbst mit Vitamin C und Zink das Immunsystem und verleiht Salaten, Suppen und Dips mit ihrem scharf-würzigen Aroma Pepp.

PAPADAM
DER TRICK MIT DEM SNACK-BROT!

Auch wer sich Low Carb ernährt, möchte auf etwas Geknabber nicht verzichten. Ob als Snack oder als Beilage, das indische Papadam ist zu diesem Zweck genau das Richtige.

Das Knusperbrot wird aus Linsenmehl hergestellt, à la minute ausgebacken und schmeckt einfach köstlich! Wer es selber herstellt, kann die Gewürze ganz nach eigenem Gusto anpassen und hat die perfekte Beilage zu seinen Gerichten oder pikanten Knabberspaß ohne Reue. Linsen liefern weniger als ein Drittel der Kohlenhydratmenge, die Getreide enthält. Deshalb sind sie ein idealer Partner in der Low-Carb-Ernährung. Ein frischer Dip mit Joghurt, etwas Salsa und der Fernsehsnack ist gerettet. Wie bei allen Extras gilt: Nicht übertreiben! Zusammen mit ein paar Gemüsesticks ist man aber gleich wieder auf der sicheren Seite. Bei Dinner-Einladungen eignet sich Papadam als perfekte Tischbeilage, die man zum Essen knabbern kann. Mit der richtigen Gewürzmischung harmoniert es toll mit den Gerichten und unterstützt außerdem den Magen beim Verdauen. Papadams kommen aus dem indischen Raum und sind von Nepal bis Sri Lanka

bekannt. Es gibt sie in unzähligen Variationen und Geschmäckern, für Verfechter der Low-Carb-Philosophie kommt allerdings nur die Variante auf Linsenbasis infrage.

Am besten stellen Sie Papadams gleich auf Vorrat in größeren Mengen her, denn getrocknet lassen sich die Fladen wunderbar lagern. Packt einen dann die Knusperlust, sind sie kurzerhand fertig gebacken und kommen als dünner, knuspriger und gleichzeitig sättigender Brotersatz auf den Tisch.

Für 15 Papadams brauchen Sie:
- 200 g Linsenmehl
- 1 TL geschroteten schwarzen Pfeffer
- 1 TL Kreuzkümmelsamen
- ½ TL Salz
- 50 ml neutrales Öl

Zubereitungs- und Ruhezeit:
- Zubereitung: 25 Min.
- Ruhezeit: ½ Tag

TEIG KNETEN

Das Mehl mit Pfeffer, Kreuzkümmel und Salz mischen. Unter ständigem Kneten mit den Händen nach und nach so viel Wasser (ca. 200 ml) zugeben, dass ein fester, recht trockener, aber gerade noch bearbeitbarer Teig entsteht.

TEIG AUSROLLEN

Den Teig mit etwas Öl bestreichen, ausrollen und Kreise mit 10–15 cm Ø ausstechen. Tipp: Man kann zum Ausrollen auch eine Nudelmaschine verwenden.

FLADEN TROCKNEN

Die ausgestochenen Fladen auf Handtücher legen und einen halben Tag trocknen lassen.

FLADEN BACKEN

Fladen nach dem Trocknen ausbacken. Dazu 2 EL Öl in einer beschichteten Pfanne erhitzen und die Teigfladen darin nacheinander von jeder Seite ca. 1 Min. knusprig backen. Sie gehen sofort auf und entwickeln ihr charakteristisch knuspriges Aussehen.

PAPADAM LAGERN

Wer die Papadams nicht gleich braucht oder auf Vorrat zubereitet, kann sie nach dem Trocknen gut verschlossen, z. B. in Keksdosen, lagern.

NIÇOISE MIT WACHTELEI, TUNA-TATAKI UND TOPINAMBUR-CHIPS

Der Bistro-Klassiker aus Frankreichs Süden macht in der Low-Carb-Version richtig was her – als Snack vom Feinsten oder edler Einstieg in ein Menü. Auf jeden Fall umwerfend gut mit frischem Thunfisch und hauchdünnem Knusper-Topinambur!

100 g Topinambur (am besten 1 längliche Knolle)
Salz
6–8 Wachteleier
4 Stängel Bohnenkraut (ersatzweise 1 TL getrockneter Thymian)
150 g feine grüne Bohnen
150 g Datteltomaten
frisch gemahlener schwarzer Pfeffer
2 Frühlingszwiebeln
300 g Mesclun-Salatmischung (kräftige Blattsalate; ersatzweise 2 größere Romana-Salatherzen und einige Blätter Friséesalat)
3 EL Kapern
75 g entsteinte grüne Oliven
1 EL Olivenöl
2 sehr frische Thunfischsteaks (à 150 g; Sushi-Qualität)

FÜR DAS DRESSING:
1 Knoblauchzehe
3 EL Sherry- oder Weißweinessig
1 EL Dijonsenf
½ TL Rohrrohrzucker (Demerara)
Salz
frisch gemahlener schwarzer Pfeffer
6 EL Olivenöl

Für 4 Personen
40 Min. Zubereitung
40 Min. Backen (Topinambur)
Pro Portion ca. 330 kcal, 25 g EW, 22 g F, 7 g KH

1 Den Backofen auf 130° vorheizen. Ein Backblech mit Backpapier belegen. Die Topinamburknolle sehr gut abbürsten oder schälen und in feine Scheiben hobeln oder schneiden. Die Scheibchen trocken tupfen, auf dem Backblech verteilen und ca. 30–40 Min. im heißen Ofen (Mitte) backen, dabei nach ca. 15 Min. einmal wenden. Chips aus dem Ofen nehmen und abkühlen lassen.

2 Während der Abkühlzeit Wasser in einem kleinen Topf aufkochen und salzen. Die Wachteleier hineingeben und in 2 ½–3 Min. wachsweich oder in ca. 4 Min. hart kochen, dann herausnehmen und eiskalt abschrecken.

3 Gleichzeitig in einem zweiten Topf reichlich Wasser aufkochen und salzen. Das Bohnenkraut waschen und mit Küchengarn zusammenbinden. Die Bohnen putzen, mit dem Bohnenkraut ins kochende Salzwasser geben und 6–7 Min. blanchieren, dann in ein Sieb abgießen und eiskalt abschrecken.

4 Tomaten waschen, halbieren und ganz leicht salzen und pfeffern. Frühlingszwiebeln putzen, waschen und mit dem zarten Grün in feine Ringe schneiden.

5 Die Salatblätter verlesen (Salatherzen vorher putzen und in Blätter teilen), waschen und trocken schleudern. Blätter kleiner zupfen bzw. schneiden und mit den Bohnen, Tomaten und Frühlingszwiebeln auf vier Teller verteilen.

6 Für das Dressing die Knoblauchzehe schälen und halbieren. Eine kleine Schüssel kräftig damit ausreiben. Essig, Senf, Zucker, Salz und Pfeffer in der Schüssel verrühren, das Öl unterschlagen. Dressing über die Salate träufeln.

7 Die Wachteleier pellen, halbieren, leicht salzen und auf den Salaten mit den Kapern und den grünen Oliven anrichten.

8 Das Öl in einer Pfanne erhitzen. Die Thunfischsteaks darin ca. 1 ½ Min. anbraten, dann wenden und noch ca. 1 Min. weiter-, aber nicht durchbraten. Thunfischsteaks aus der Pfanne nehmen, mit Salz und Pfeffer bestreuen, in Streifen schneiden und heiß auf den Salaten anrichten. Topinambur-Chips mit Salz und Pfeffer bestreuen und darübergeben. Niçoise sofort servieren.

AUBERGINENSALAT
MIT EDAMAME UND PONZUDRESSING

Dieser supergesunde Salat bekommt durch das japanische Ponzudressing eine ganz besondere Note. Die Edamame sind reich an Proteinen, Spinat und Zitrone liefern die Vitamine.

Salz
1 große Aubergine
200 g TK-Edamame
1 Zitrone
2 EL leichte Sojasauce
1 Spritzer Reisessig
2 EL Erdnussöl
100 g Baby-Spinat

Für 2–4 Personen
20 Min. Zubereitung
Pro Portion (bei 4) ca. 140 kcal,
9 g EW, 7 g F, 11 g KH

1 In einem Topf 1 l Wasser mit 1 TL Salz aufkochen. Inzwischen die Aubergine putzen und schälen. Die Aubergine ins Salzwasser geben und zugedeckt bei großer Hitze ca. 10 Min. darin kochen.

2 In der Zwischenzeit einen Topf mit passendem Dämpfeinsatz mit einem Fingerbreit Wasser füllen, die Edamame in den Dämpfeinsatz geben und zugedeckt bei großer Hitze ca. 6 Min. dämpfen, bis sie gar sind. Anschließend die Edamamekerne aus der Schale befreien und in eine Schüssel geben.

3 Die Zitrone auspressen. Für das Ponzudressing Zitronensaft, Sojasauce, Reisessig und Erdnussöl in einem Schälchen verrühren.

4 Den Baby-Spinat verlesen, waschen und trocken schleudern. Die Aubergine mit einem Schaumlöffel aus dem Topf heben, in Würfel schneiden, mit dem Spinat und dem Dressing in die Schüssel zu den Edamame geben. Zum Schluss alle Zutaten vorsichtig miteinander mischen.

5 Den Salat auf vier Tellern anrichten und servieren.

VOM FEINSTEN ANGERICHTET

Zum Servieren die Auberginenwürfel und die Edamame mit einem Teil des Ponzudressings marinieren und betont zufällig auf den Tellern verteilen. Spinat daraufgeben und mit einem Esslöffel das restliche Dressing darüberträufeln.

MATJES-PAPAYA-VERRINE
MIT CHILI UND FRÜHLINGSZWIEBELN

1 EL Zitronensaft
½ TL Fischsauce
2 EL Olivenöl
1 frische rote Chilischote
1 kleine gelbe, nicht zu weiche Papaya
Salz | 4 dünne Frühlingszwiebeln
6 doppelte Matjesfilets (12 Filets)
4 Dillspitzen zum Garnieren

Für 4 Personen
20 Min. Zubereitung
2 Std. Marinieren
Pro Portion ca. 690 kcal, 36 g EW,
55 g F, 4 g KH

1 Den Zitronensaft mit der Fischsauce verrühren und das Olivenöl mit einer Gabel oder einem kleinen Schneebesen unterschlagen.

2 Die Chilischote putzen, längs halbieren und entkernen. Dann die Chilihälften waschen und in feinste Streifchen schneiden.

3 Die Papaya halbieren. Mit einem kleinen Löffel die Kerne und das faserige Fruchtfleisch herauskratzen. Die Papayahälften schälen, das Fruchtfleisch in knapp 1 cm große Würfel schneiden, sofort mit Chilistreifen und Zitronendressing mischen und anschließend vorsichtig salzen.

4 Die Frühlingszwiebeln putzen und waschen. Weiße und hellgrüne Teile in feine Ringe schneiden. Schönes Zwiebelgrün fein hacken.

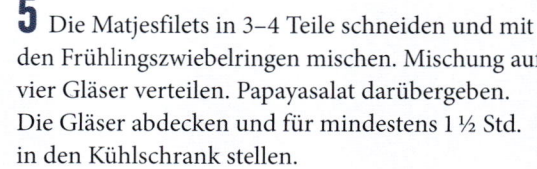

5 Die Matjesfilets in 3–4 Teile schneiden und mit den Frühlingszwiebelringen mischen. Mischung auf vier Gläser verteilen. Papayasalat darübergeben. Die Gläser abdecken und für mindestens 1 ½ Std. in den Kühlschrank stellen.

6 Die Matjes-Papaya-Verrine dann aus dem Kühlschrank nehmen und noch ½ Std. bei Zimmertemperatur ruhen lassen. Zum Servieren die Matjes-Verrine mit dem Frühlingszwiebelgrün und den Dillspitzen garnieren.

EDAMAME-NUDELN MIT KRÄUTERN, MANGO UND CHILI

1 Die Mango schälen. Das Fruchtfleisch zuerst vom Stein, dann in feine Streifen schneiden. Die Chilischoten putzen, längs halbieren und entkernen. Chilihälften waschen und fein hacken. Thai-Basilikum, Minze und Koriander waschen, trocken schütteln und die Blättchen abzupfen.

2 Reichlich Wasser zum Kochen bringen und die Edamame-Nudeln darin nach Packungsangabe garen. Dann in ein Sieb abgießen und in eine Schüssel geben. Mango, Chili und Kräuterblättchen untermischen.

3 Die Limette auspressen und den Saft mit der Fischsauce und Sesamöl verrühren. Das Dressing unter die Nudel-Mango-Mischung heben. Den Salat auf vier Teller anrichten und servieren.

ALTERNATIVE SEAWEED-NUDELN

Statt Edamame- können Sie für den Salat auch Seaweed-Nudeln verwenden. Sie heißen auch Seegras- oder Kelp-Nudeln und bestehen vor allem aus Wasser und Algen. Deshalb haben sie null Prozent Fett, kaum Kohlenhydrate (2 g pro 100 g) und verschwindend wenig Kalorien (6 kcal pro 100 g), aber trotzdem reichlich Mineralien (vor allem Kalzium, Kalium und Jod). Die Pasta aus dem Meer schmeckt neutral. Meistens schwimmt sie – wie Konjak-Nudeln – in Flüssigkeit. Vor dem Servieren die Nudeln einfach in ein Sieb abgießen, abbrausen und abtropfen lassen – schon können Sie sie unter einen Salat mischen oder in einer Suppe oder Sauce erhitzen. Es gibt auch getrocknete Kelp-Nudeln. Die müssen erst eingeweicht, aber ebenfalls nicht mehr gekocht werden. Seaweed-Nudeln bekommen Sie im Asienmarkt oder bei Internethändlern.

---

1 kleine Mango (ca. 150 g Fruchtfleisch)
2 frische rote Chilischoten
2 Stängel Thai-Basilikum
3 Stängel Minze
3 Stängel Koriander
100 g Edamame-Nudeln
1 Limette
1 TL Fischsauce
1 Spritzer Sesamöl

Für 2 Personen
10 Min. Zubereitung
Pro Portion ca. 270 kcal, 23 g EW, 5 g F, 21 g KH

WILDKRÄUTER MIT GURKE, BLÜTEN UND LAUWARMEM ZANDERFILET

Zartes Zanderfilet bekommt eine kräftige Pfeffer-Sesam-Kruste verpasst, damit es mit den Wildkräutern mithalten kann – zur großen Freude unseres Gaumens!

200 g Wildkräuter-Salat-Mischung mit Blüten (ersatzweise gemischte würzige Blattsalate mit Löwenzahn, Baby-Mangold, Frisée etc.)
2 Mini-Gurken
4 EL Zitronensaft
1 TL Agavendicksaft
Salz
frisch gemahlener schwarzer Pfeffer
7 EL Olivenöl
1 EL schwarze Pfefferkörner
2 EL Sesamsamen
600 g Zanderfilets mit Haut

Für 4 Personen
30 Min. Zubereitung
Pro Portion ca. 330 kcal, 31 g EW, 21 g F, 3 g KH

1 Die Wildkräuter-Salat-Mischung verlesen und ohne die Blüten waschen und trocken schleudern. Mischung auf vier Teller verteilen. Die Gurken waschen, schälen, längs halbieren und die Kerne mit einem Teelöffel herausschaben. Gurkenhälften quer in Scheibchen schneiden und auf den Salaten verteilen.

2 Für das Dressing 3 EL Zitronensaft, Agavendicksaft, Salz und etwas Pfeffer verrühren. 6 EL Olivenöl unterschlagen.

3 Die Pfefferkörner und Sesamsamen im Mörser leicht zerstoßen, mit etwas Salz mischen und die Mischung auf einen flachen Teller geben.

4 Die Zanderfilets waschen, trocken tupfen und mit den Fingerspitzen auf Gräten untersuchen. Aufgespürte Gräten mit einer Pinzette herausziehen. Die Filets in 8 Stücke schneiden und mit dem übrigen Zitronensaft beträufeln. Mit einem spitzen Messer die Haut mehrmals einschneiden.

5 Das restliche Öl in einer Pfanne erhitzen. Die Fischstücke mit der Hautseite in die Pfeffermischung drücken, dann mit der gewürzten Hautseite ins heiße Öl geben. Fischstücke ca. 5 Min. auf der Haut bei mittlerer Hitze braten.

6 Dann die Fleischseite ganz leicht mit Salz bestreuen. Die Fischstücke wenden und noch 1–2 Min. weiterbraten.

7 Das Dressing über die Salate träufeln. Die Salate mit den Blüten garnieren und mit den gebratenen Fischfilets servieren.

VEGGIE-TIPP

Statt mit Fisch können Sie den Salat auch mit knusprigen Schafskäsewürfeln servieren: Dazu 1 Ei (Größe L) mit 1 EL Öl verquirlen. 4 EL Sesamsamen mit 1 gehäuften TL grob gemahlenem Pfeffer mischen. 150 g festen Schafskäse (Feta) in Würfel schneiden, durch das verquirlte Ei ziehen, in der Sesam-Pfeffer-Mischung wenden und in reichlich heißem Öl bei mittlerer bis großer Hitze in ca. 3 Min. goldbraun braten, sofort auf den Salaten verteilen und servieren.

ORANGENSALAT MIT FETA, OLIVEN UND ROTER ZWIEBEL AUF RADICCHIO

Radicchio und Orangen gehen hier auf sizilianische Art eine
bittersüße Low-Carb-Romanze ein – dank mandelwürziger Oliven
und milden Fetakäses mit wunderbarem Happy-End.

1 rote Zwiebel
3–4 EL Olivenöl
Salz
1 kleiner Kopf Radicchio
2 große Orangen
100 g Schafskäse (Feta)
2 EL milde, grüne, entsteinte Oliven
   (am besten mit Mandeln gefüllt)
Piment d'Espelette (nach Belieben;
   ersatzweise Chilischrot)

Für 4 Personen
25 Min. Zubereitung
Pro Portion ca. 220 kcal, 6 g EW,
17 g F, 9 g KH

1 Die Zwiebel schälen und in feine Ringe hobeln. 1 EL Öl in einer kleinen Pfanne erhitzen. Zwiebelringe hineingeben, leicht salzen und in ca. 5 Min. bei kleiner Hitze weicher dünsten, aber nicht bräunen. Die Zwiebelringe aus der Pfanne nehmen und auf einem Teller abkühlen lassen.

2 Äußere Blätter vom Radicchio entfernen. Radicchio längs halbieren, vom Strunk befreien und in Blätter teilen, diese waschen und trocken schleudern. Die Blätter nach Belieben kleiner zupfen und auf vier Tellern auslegen.

3 Von den Orangen die Schalen mit einem scharfen Messer dick abschneiden, sodass auch die weiße Haut komplett entfernt wird. Die Orangen quer in dünne, runde Scheiben schneiden und jeweils auf dem Salatbett verteilen.

4 Den Fetakäse zerbröckeln und auf den Orangen verteilen. Die Oliven quer in Ringe bzw. Scheibchen schneiden und mit den Zwiebeln auf den Orangenscheiben verteilen. Das restliche Öl darüberträufeln.

5 Den Salat eventuell ganz leicht salzen. Nach Belieben noch 1 kräftige Prise Piment d'Espelette über die Salate streuen und diese servieren.

SO SCHMECKT'S AUCH

Wer die bittere Radicchio-Note nicht so gern mag, der nimmt stattdessen Batavia-Salat. Anstelle des Fetakäses können Sie die Orangenscheiben auch mit grob gehobelten Pecorinospänen bestreuen.

CEVICHE
VOM LOUP DE MER

Im südamerikanischen Klassiker kommt der frische Fisch perfekt zur Geltung. Das Ceviche muss deshalb à la minute zubereitet werden. Trotzdem ist es sehr einfach und eine aufregende Vorspeise.

1 Loup de Mer (800–1000 g)
½ Salatgurke
2 grüne Tomaten
2 Stangen Staudensellerie
1 Zitrone
1 EL klarer Reisessig
1 EL Olivenöl
Salz
2 Frühlingszwiebeln
2 Stängel Koriandergrün
2 Stängel Dill oder Fenchelgrün
Pfeffer

Für 4 Personen
25 Min. Zubereitung
Pro Portion ca. 245 kcal, 37 g EW,
9 g F, 3 g KH

1 Den Wolfsbarsch gründlich mit einem normalen Speisemesser schuppen, indem man damit immer wieder gegen die Schuppenrichtung des Fisches streicht (**Bild 1**). Am besten macht man dies im Spülbecken.

2 Dann den Loup de Mer von der Afteröffnung her bis unter die Kiemen einschneiden und unter fließendem Wasser die Eingeweide herausnehmen. Gut kontrollieren, ob die Bauchhöhle sauber ist. Den Fisch auf die Seite legen und mit einem scharfen, flexiblen Messer hinter den Kiemen quer einen Schnitt bis zur Hauptgräte machen. Das Messer leicht schräg halten und an der Gräte entlang bis zum Schwanz durchziehen (**Bild 2**). Wenn nötig, die Bauchgräten entfernen. Auf der anderen Seite genauso verfahren. Zum Schluss die Karkasse entfernen und zusammen mit den Eingeweiden entsorgen.

3 Die Filets auf der Hautseite wieder quer vor sich legen. Mit der einen Hand das Filetende festhalten, gleich daneben das Messer, das in der anderen Hand liegt, ansetzen und wieder schräg an der Haut entlangziehen (**Bild 3**), bis das Filet komplett von der Haut gezogen ist. Filets mit einem scharfen Messer quer in dünne Scheiben schneiden und in eine Schüssel geben.

4 Die Gurke putzen, schälen, längs halbieren, mit einem Teelöffel die Kerne herausschaben und das Fruchtfleisch in feine Würfel schneiden. Die Tomaten waschen, halbieren, Kerne und Stielansätze entfernen und das Fruchtfleisch fein würfeln. Den Sellerie waschen, putzen, bei Bedarf entfädeln und ebenfalls in kleine Würfel schneiden. Das Gemüse zum Fisch in die Schüssel geben.

5 Die Zitrone auspressen. Den Reisessig mit dem Olivenöl, Zitronensaft und etwas Salz vermischen und unter die Fisch-Gemüse-Mischung heben.

6 Frühlingszwiebeln putzen, waschen und in feine Ringe schneiden. Koriander sowie Dill oder Fenchelgrün waschen, trocken schütteln und die Blättchen abzupfen. Frühlingszwiebeln und Kräuter unter den Salat mischen. Diesen mit Zitronensaft, Salz und Pfeffer abschmecken, auf vier Tellern mit einem Servierring anrichten, mit Kräutern dekorieren und sofort servieren (**Bild 4**).

ARTISCHOCKEN MIT ZITRONEN-MAYO UND MINZE-VINAIGRETTE

Detox vom Feinsten: Zupfen Sie sich gesund! Denn die Artischocken mit zitronen- und kräuterfrischen Dips schmecken nicht nur traumhaft, sie bringen auch unsere Leber auf Trab: Fingerfood, das uns einfach gut tut.

FÜR DIE ARTISCHOCKEN:

1 ½ Zitronen
4 große runde Artischocken
  (à ca. 350 g)
Salz
2 Lorbeerblätter

FÜR DIE ZITRONEN-MAYO:

½ Bio-Zitrone
1 großes zimmerwarmes,
  sehr frisches Eigelb
1 TL zimmerwarmer Dijonsenf
ca. 70 ml Sonnenblumenöl
2 EL Crème legère
Salz
Piment d'Espelette

FÜR DIE MINZE-VINAIGRETTE:

4 Stängel Minze
2 Stängel Petersilie
2 dünne Frühlingszwiebeln
1 EL körniger Rotisseur-Senf
2 EL Weißweinessig
½ TL brauner Zucker
4 EL gut gewürzte Gemüsebrühe
4 EL Olivenöl
Salz
frisch gemahlener grüner Pfeffer

Für 4 Personen
30 Min. Zubereitung
 (ohne Abkühlzeit)
25–35 Min. Garen
Pro Portion ca. 320 kcal, 5 g EW,
29 g F, 7 g KH

1 Für die Artischocken reichlich Wasser aufkochen. Die Zitronen auspressen. Artischockenstiele direkt unter der Blüte mit einem Ruck abbrechen (am besten über einer Tischkante) **(Bild 1)**. Die harten, äußeren Blätter abzupfen **(Bild 2)**. Jeweils das obere Drittel der Artischockenblüten flach abschneiden und sofort mit etwas Zitronensaft beträufeln. Die übrigen Blattspitzen mit einer Schere großzügig abschneiden **(Bild 3)**.

2 Den übrigen Zitronensaft mit 1 TL Salz und den Lorbeerblättern in das kochende Wasser in den Topf geben. Die Artischocken darin in 25–35 Min. gar kochen, dann abgießen und abkühlen lassen.

3 Für die Mayo die Zitronenhälfte waschen und abtrocknen. Die Schale fein abreiben, den Saft auspressen. Das Eigelb mit dem Senf in eine Rührschüssel geben und mit den Quirlen des Handrührgeräts verrühren. Das Öl nach und nach unterrühren, d. h. in ganz dünnem Strahl unter ständigem Weiterschlagen dazufließen lassen, bis eine weiche Mayonnaise entsteht. 1–2 TL Zitronensaft und die Crème legère unterrühren. Mayo mit Zitronenschale, Salz und Piment d'Espelette würzen und abschmecken.

4 Für die Vinaigrette die Kräuter waschen und trocken schütteln. Die Blättchen abzupfen und sehr fein hacken. Die Frühlingszwiebeln putzen, waschen und sehr fein hacken. Den groben Senf mit dem Weißweinessig, dem Zucker und der Gemüsebrühe verrühren, dann das Olivenöl unterschlagen. Minze, Petersilie und Frühlingszwiebeln unterrühren. Die Vinaigrette kräftig mit Salz und Pfeffer würzen und abschmecken.

5 Vinaigrette und Mayo jeweils auf vier kleine Schälchen oder Tellerchen verteilen, nach Belieben noch mit Minzeblatt bzw. Piment d'Espelette und Zitronenschale garnieren und mit den abgekühlten Artischocken servieren **(Bild 4)**. Dann jeweils Blättchen abzupfen, fleischigen Teil in die Mayo oder die Vinaigrette dippen und genießen. Zum Schluss Artischockenböden vom Heu befreien und ebenfalls mit Mayo oder Vinaigrette essen.

RINDERTATAR MIT POCHIERTEM EI AUF ZITRONIGEM KRAUTSALAT

Ein Fitnessgericht, ob als Vorspeise oder Mittagessen. Der Krautsalat liefert viele Vitamine, Tatar und Ei runden das Gericht perfekt mit Proteinen ab. Ideal an sportlichen Tagen, ein absoluter Low-Carb-Hero!

FÜR DEN KRAUTSALAT:
1 Zitrone
½ Weißkohl (ca. 300 g)
Salz
1 TL Zucker
2 EL Weißweinessig
1 EL Walnussöl

FÜR DAS TATAR:
400 g Entrecôte
2 Schalotten
2 Cornichons
1 TL Kapern
2 Sardellen
1 TL scharfer Senf
Salz
grüner Pfeffer

FÜR DIE POCHIERTEN EIER:
Salz
1 EL Weißweinessig
4 Eier (Größe L)

Für 4 Personen
ca. 25 Min. Zubereitung
Pro Portion ca. 310 kcal, 30 g EW,
18 g F, 6 g KH

1 Für den Salat die Zitrone auspressen. Den Weißkohl vierteln, vom Strunk befreien, waschen und quer in feine Streifen schneiden. Diese mit Salz, Zucker, Essig und dem Zitronensaft in einer großen Schüssel mischen und 30 Min. ziehen lassen, dabei einmal gut durchkneten, damit das Weißkraut schneller gart.

2 Für das Tatar das Entrecôte mit der mittleren Scheibe durch den Fleischwolf drehen oder mit einem scharfen Messer fein schneiden. Schalotten schälen, zusammen mit Cornichons, Kapern und Sardellen fein hacken und zum Tatar geben. Das Tatar mit dem Senf, Salz und grünem Pfeffer abschmecken und bis zum Verzehr abgedeckt in den Kühlschrank stellen.

3 Für die pochierten Eier in einem großen Topf reichlich Wasser zum Kochen bringen, das Wasser leicht salzen und 1 EL Essig hineingeben. 1 Ei in eine Tasse aufschlagen. Wenn das Wasser kocht, die Temperatur etwas zurücknehmen, das Wasser im Uhrzeigersinn rühren, das Ei schnell in das sich noch drehende Wasser geben und 2 Min. ziehen lassen. Das pochierte Ei mit einem Schaumlöffel aus dem Wasser heben, auf einen Teller gleiten lassen und beiseitestellen. Mit den übrigen Eiern genauso verfahren.

4 Das Walnussöl unter den Krautsalat mischen. Das Tatar mit dem Krautsalat auf vier Tellern anrichten und je 1 pochiertes Ei auflegen.

WARME VORSPEISEN UND SUPPEN

Löffel für Löffel wird es uns hier warm ums Herz – auf bodenständig-rustikale Art, orientalisch inspiriert oder mit Multi-Kulti-Magie. »Lustvoll genießen« heißt unsere Devise: mit allem, was die Welt an Low-Carb-Köstlichkeiten zu bieten hat. Bei unserem Warm-up-Verwöhnprogramm haben wir bei den Kohlenhydraten gespart, aber nicht am Geschmack: Hähnchen-Zitronengras-Spieße, gefüllte Sardinen und Waldpilzconsommé machen mit ungewöhnlichen Aromen und kessen Kombinationen auf sich aufmerksam. Lassen Sie sich erwärmen!

GEMÜSE AUS DEM OFEN
MIT ZIEGENKÄSE-TRIFLE

So einfach geht Low Carb: Gemüse schnippeln, im Ofen bissfest garen, einen kleinen Dip zusammenrühren – schon ist eine schöne Vorspeise oder auch Beilage fertig!

FÜR DAS ZIEGENKÄSE-TRIFLE:
300 g Ziegenfrischkäse
100 g Naturjoghurt
Salz
frisch gemahlener schwarzer Pfeffer
½ Bund Basilikum
8 in Öl eingelegte, getrocknete
*   Tomaten*

FÜR DAS OFENGEMÜSE:
5 EL Olivenöl
½ Bund Petersilie
2 Zweige Thymian
1 Knoblauchzehe
1 getrocknete Chilischote
1 ½ EL grobes Meersalz
*   (am besten Fleur de Sel)*
1 große gelbe Paprikaschote
500 g grüner Spargel
2 Zucchini
1 dickes Bund dünne
*   Frühlingszwiebeln*
100 g Kirschtomaten
50 g Pinienkerne

Für 4 Personen
30 Min. Zubereitung
25 Min. Backen
Pro Portion ca. 540 kcal, 20 g EW,
44 g F, 14 g KH

1 Für das Ziegenkäse-Trifle den Frischkäse mit dem Joghurt in eine Schüssel geben, glatt rühren und leicht mit Salz und kräftig mit Pfeffer abschmecken. Das Basilikum waschen und trocken schütteln. Die Blätter abzupfen und bis auf einen kleinen Rest hacken. Die getrockneten Tomaten abtropfen lassen, dabei etwas Öl auffangen, und die Tomaten fein schneiden.

2 Die Ziegenkäse-Creme abwechselnd mit Tomaten und gehacktem Basilikum in vier kleine Gläschen oder in ein Glas schichten. Mit Basilikumblättern und Tomatenöl garnieren und bis zum Servieren kühl stellen.

3 Für das Gemüse den Backofen auf 200° vorheizen. Eine große ofenfeste Form (z. B. Quicheform) mit 1 EL Öl auspinseln. Die Kräuter waschen und trocken schütteln. Die Blättchen abzupfen bzw. abstreifen und fein hacken. Den Knoblauch schälen und fein hacken. Den Stiel der Chilischote abbrechen und die Kerne rausschütteln. Die Chili im Mörser oder mit den Fingern (dann mit Handschuhen) fein zerkrümeln und mit Kräutern, Knoblauch und dem Meersalz mischen. 2 TL Mischung zum Garnieren beiseitelegen.

4 Die Paprikaschote längs vierteln, putzen, waschen und quer in Streifen schneiden. Paprika mit einem Viertel der Kräutermischung würzen und in die Form legen, sodass der Boden zu einem Viertel bedeckt ist.

5 Die Spargelstangen waschen. Die holzigen Enden großzügig abscheiden. Die Stangen im unteren Drittel schälen, in 3–4 cm große Stücke schneiden, diese mit einem Viertel der Kräutermischung würzen und damit das freie Viertel des Formbodens neben den Paprikastreifen belegen.

6 Die Zucchini waschen, putzen und in Scheiben schneiden. Scheiben ebenfalls würzen und neben dem Spargel platzieren.

7 Die Frühlingszwiebeln von Wurzeln und unschönem Grün befreien, waschen, in spargelgroße Stücke teilen, mit restlicher Kräutermischung würzen und zum Schluss auf den restlichen freien Platz in der Form legen.

8 Die Kirschtomaten nach Belieben nur waschen oder mit kochendem Wasser überbrühen, etwas darin ziehen lassen, abschrecken und häuten. Kirschtomaten halbieren, leicht salzen und auf dem Gemüse verteilen.

9 Alles mit den Pinienkernen bestreuen und mit restlichem Öl beträufeln. Einen winzigen Schuss Wasser dazugeben und das Gemüse im Ofen (Mitte) in ca. 25 Min. nicht zu weich garen, dann herausnehmen, mit beiseitegelegter Kräutermischung bestreuen und mit dem Trifle servieren.

WUNDERBAR WANDELBAR

Im Ofen lassen sich so auch andere Gemüsesorten – geputzt und klein geschnippelt – garen: Spitzpaprikaschoten in Rauten schneiden, Auberginen würfeln und mit etwas zusätzlichem Öl beträufeln. Fenchel waschen, putzen, längs vierteln, jeweils den Strunk entfernen und die Fenchelviertel quer in dünne Streifen schneiden. Lauch putzen, gründlich waschen und in Ringe schneiden.

KNUSPERKALMARE
AUF SCHARFER AVOCADO

Diese lecker-knusprigen Kalmare machen Lust auf mehr!
Die feine Chili-Schärfe wirkt hier subtil und wird von den
gebackenen Avocados aufgefangen.

12 kleine küchenfertig geputzte
  Kalmare
50 ml Rapsöl
1 TL Chilipulver
2 Avocados
Salz
frisch gemahlener Pfeffer
1 EL Olivenöl
100 g Semmelbrösel
Saft von ½ Zitrone

AUSSERDEM:
Zitronenspalten und glatte Petersilie
  für die Garnitur (nach Belieben)

Für 4 Personen
20 Min. Zubereitung
Pro Portion ca. 480 kcal, 30 g EW,
28 g F, 25 g KH

1 Die Kalmare waschen, mit Küchenpapier abtrocknen und noch einmal kontrollieren, ob das Rückgrat entfernt wurde. Wenn Sie einen länglichen, festen, aber durchsichtigen Stab ertasten, müssen Sie diesen noch herausziehen. Anschließend den Backofen auf 100° vorheizen.

2 Das Rapsöl in einem kleinen Topf erhitzen, das Chilipulver einrühren und gleich auf die Seite zum Abkühlen stellen.

3 Die Avocados halbieren, den Stein entfernen, das Fruchtfleisch in einem Stück mit einem Löffel aus den Schalen heben und längs in Fächer schneiden. Die Fächer auf ein mit Backpapier belegtes Backblech legen und im heißen Backofen (Mitte) ca. 10 Min. backen, dann leicht salzen und pfeffern.

4 Inzwischen in einer anderen Pfanne das Olivenöl erhitzen. Die Kalmare salzen, in den Semmelbröseln wenden, in die Pfanne geben und in 1 ½ Min. scharf anbraten, dann von der Herdplatte nehmen und beiseitestellen.

5 Das Chiliöl mit Salz und Zitronensaft abschmecken. Avocadofächer auf vier Tellern anrichten und mit dem Chiliöl beträufeln. Je 3 Kalmare zu jedem Fächer legen und nach Belieben mit Zitronenspalten und Petersilie garnieren.

SCHARFE INFO

Sie können das Chilipulver im Würzöl auch durch Piment d'Espelette, das aus dem Südwesten Frankreichs stammt, ersetzen, um Kalmaren und Avocados eine leicht rauchige, mildfeurige Chilischärfe zu verleihen.

PANADE FIXIEREN

Damit sich die Semmelbrösel besser an die Kalmare haften, können Sie die Kalmare zuerst in etwas Mehl wenden, dann durch 1 verquirltes Ei ziehen und zum Schluss in die Semmelbrösel drücken, bevor Sie sie in der Pfanne braten.

BASKISCHE PIPERADE

je 1 kleine rote und grüne Paprika-schote | 2 große, vollreife Tomaten
2 Schalotten | 1 Knoblauchzehe
2–3 Zweige Thymian | 2 EL Olivenöl
Salz | Piment d'Espelette | 4 Eier
(Größe L) | 2 dünne Scheiben luft-getrockneter Schinken

Für 4 Personen
30 Min. Zubereitung
Pro Portion ca. 180 kcal, 11 g EW,
13 g F, 5 g KH

1 Die Paprikaschoten mit dem Sparschäler schälen, dann längs vierteln, putzen und die Viertel quer in Streifen schneiden. Die Tomaten mit kochendem Wasser überbrühen, kurz ziehen lassen, häuten und halbieren. Die Kerne und Stielansätze entfernen. Das Tomatenfruchtfleisch würfeln.

2 Schalotten und Knoblauch schälen und fein hacken. Thymian waschen und trocken schütteln. Die Blättchen von den Zweigen streifen.

3 Das Öl in einer Pfanne erhitzen. Schalotten und Knoblauch darin in 3–4 Min. glasig andünsten, Paprikastreifen dazugeben und ca. 5 Min. mitdünsten. Tomaten unterrühren. Alles mit Salz, Piment d'Espelette und der Hälfte des Thymians würzen und zugedeckt ca. 10 Min. bei kleiner Hitze schmoren.

4 Inzwischen die Eier mit einem Schneebesen verquirlen und mit Salz und Piment d'Espelette würzen. Eier über das geschmorte Gemüse in der Pfanne gießen, mit einem Spatel verrühren und leicht stocken lassen. Die Masse soll aber weich bleiben und auf gar keinen Fall so fest wie bei einem Omelette werden.

5 Die Piperade sofort auf vier kleine Teller oder Tonschälchen verteilen. Mit restlichen Thymianblättchen bestreuen. Den Schinken zerpflücken und ebenfalls über die Piperade geben.

FRITTATA-WÜRFEL MIT SPINAT UND TALEGGIO

1 Den Blattspinat verlesen, waschen und in einem Sieb abtropfen lassen. Die Frühlingszwiebeln putzen, waschen und mit dem zarten Grün in feine Röllchen schneiden. Basilikum waschen und trocken schütteln. Die Blätter abzupfen und zur Hälfte in feine Streifen schneiden.

2 Den Backofen auf 220° vorheizen. Das Öl in einer großen, ofenfesten Pfanne erhitzen. Die Frühlingszwiebeln darin bei kleiner Hitze andünsten. Spinat dazugeben und in 3–4 Min. bei mittlerer Hitze zusammenfallen lassen. Die Basilikumstreifen unterrühren und den Spinat mit Zitronenschale, Salz, Pfeffer und Muskatnuss kräftig würzen und abschmecken.

3 Die Eier in einem Rührbecher mit einem Schneebesen verquirlen. Den Taleggio in dünne Scheiben oder Streifen schneiden. Die Pfanne vom Herd ziehen. Die Eier darin verteilen und den Taleggio darübergeben.

4 Die Pfanne auf den Rost im heißen Ofen (Mitte) stellen. Frittata ca. 15 Min. backen, dann herausnehmen und noch mindestens 5 Min. ruhen lassen. Dann aus der Pfanne nehmen, etwas abkühlen lassen und vorsichtig in Würfel schneiden. Mit Basilikumblättern garnieren, je 1 Holzstäbchen in die Würfel stecken und diese als Fingerfood warm oder kalt servieren.

300 g zarter Blattspinat
1 kleines Bund Frühlingszwiebeln
½ Bund Basilikum
2 EL Olivenöl
½ TL abgeriebene Bio-Zitronenschale
Salz
frisch gemahlener schwarzer Pfeffer
frisch geriebene Muskatnuss
6 Eier (Größe L)
80 g Taleggio-Käse
Holzstäbchen zum Servieren

Für 4 Personen
35 Min. Zubereitung
Pro Portion ca. 275 kcal, 19 g EW,
21 g F, 3 g KH

LINSENPUFFER MIT
JOGHURTSAUCE UND EICHBLATTSALAT

Linsen und Eier machen die Puffer zur perfekten Eiweißquelle. Wem das noch nicht genug ist, der serviert sie als Beilage zu Fisch oder Fleisch.

FÜR DIE LINSENPUFFER:
2 EL rote Linsen
2 Eier
Saft von ½ Zitrone
½ Päckchen Backpulver
100 g Linsenmehl
1 TL Salz
½ TL gemahlener Kreuzkümmel
1 TL Cayennepfeffer
1 TL getrockneter Thymian
Öl zum Braten

FÜR DIE JOGHURTSAUCE:
½ Bio-Salatgurke
1 kleines Bund Schnittlauch
½ Zitrone
100 g Naturjoghurt
Salz

FÜR DEN EICHBLATTSALAT:
1 Eichblattsalat
1 EL Estragonessig
Salz
2 EL Olivenöl

Für 4 Personen
30 Min. Zubereitung
Pro Portion ca. 280 kcal, 14 g EW,
16 g F, 19 g KH

1 Für die Puffer in einem kleinen Topf 100 ml Wasser mit den Linsen zum Kochen bringen und diese darin in ca. 8 Min. garen. Anschließend die Linsen in ein Sieb abgießen und abtropfen lassen.

2 Die Eier trennen und die Eiweiße mit etwas Zitronensaft steif schlagen. 2 EL der Linsen in eine Schüssel geben und mit den Eigelben pürieren. Backpulver, Mehl, Salz, Kreuzkümmel, Cayennepfeffer, Thymian und eventuell etwas Wasser zugeben und zu einem glatten Teig verrühren. Eischnee und die restlichen Linsen mit einem Spatel vorsichtig unter den Teig heben.

3 2 EL Öl in einer Pfanne erhitzen. Pro Puffer je 1 EL Teig in die Pfanne geben und die Puffer von beiden Seiten in ca. 4 Min. bei mittlerer Hitze rotgolden backen. Fertige Puffer aus der Pfanne nehmen und auf Küchenpapier abtropfen lassen. Aus dem übrigen Teig auf die gleiche Art und Weise Puffer braten.

4 Für die Joghurtsauce die Salatgurke putzen, waschen und auf der Gemüsereibe fein raspeln. Den Schnittlauch waschen, trocken schütteln und in feine Röllchen schneiden. Die Zitronenhälfte auspressen.

5 Die Gurkenraspel und den Schnittlauch unter den Joghurt rühren und zum Schluss die Sauce mit Salz und Zitronensaft abschmecken.

6 Für den Salat den Eichblattsalat in Blätter teilen und diese ohne die dicken Blattrippen mundgerecht zerzupfen. Den Salat waschen, verlesen, trocken schleudern und in eine Salatschüssel geben. Estragonessig und Salz in einem Schälchen verrühren, dann das Olivenöl unterschlagen. Die Vinaigrette zum Salat in die Schüssel geben und untermischen. Die Linsenpuffer mit dem Joghurt und dem Salat auf vier Tellern anrichten und servieren.

VOM FEINSTEN ANGERICHTET

Zuerst 1 EL Joghurt mit Schwung durch den Teller ziehen, mittig etwas Salat anrichten und daran 1 Puffer legen. Diesen mit 1 Klecks Joghurt versehen und den nächsten Puffer daraufstapeln, und wieder Joghurt und 1 Puffer setzen. Darauf quer noch 1 Schnittlauchhalm legen.

WARMER AUBERGINENSALAT
MIT CHAMPIGNONS UND GEGRILLTEM BAMBUS

Dieses Rezept eignet sich hervorragend als Beilage oder Vorspeise zum Grillen. Der Bambus nimmt auf dem Grill einen tollen Rauchgeschmack an. Mit dem süßsauren Dressing harmoniert der Salat perfekt zu einem Rindersteak.

1 Aubergine
200 g Champignons
3 Kardamomkapseln
2 ½ EL Rapsöl
je 1 Prise Szechuan- und
  Cayennepfeffer
Salz
2 EL schwarzer Reisessig
1 EL Honig
2 Bambussprossen (Glas; ca. 100 g)
1 Frühlingszwiebel oder
  8 Bärlauchblätter

AUSSERDEM:
Grillpfanne
Öl zum Braten

Für 2 Personen
20 Min. Zubereitung
Pro Portion ca. 185 kcal, 7 g EW,
11 g F, 13 g KH

1 Die Aubergine putzen, schälen und 1 cm groß würfeln. Champignons mit einem feuchten Tuch abreiben, die trockenen Schnittstellen abschneiden und die Pilze vierteln. Kardamomkapseln im Mörser leicht anquetschen.

2 In einem Wok 2 EL Öl erhitzen und die Aubergine und die Pilze darin in ca. 5 Min. scharf anbraten. Das Gemüse mit Kardamon, Szechuan- und Cayennepfeffer sowie Salz würzen, dann mit dem Reisessig ablöschen und den Honig dazugeben. Den Wokinhalt noch ca. 5 Min. bei mittlerer Hitze schmoren lassen, bis die Sauce schön dick geworden ist.

3 Die Bambussprossen längs in 2–3 mm dicke Streifen schneiden. Die Grillpfanne mit übrigem Öl auspinseln, erhitzen und die Bambusstreifen darin bei großer Hitze ca. 3 Min. von beiden Seiten braten, dabei leicht salzen. Sprossen zum Gemüse in den Wok geben und untermischen.

4 Die Frühlingszwiebel putzen, waschen und in Ringe schneiden bzw. die Bärlauchblätter waschen, trocken schütteln und in feine Streifen schneiden. Den warmen Auberginensalat auf vier Teller verteilen und mit Frühlingzwiebelringen oder Bärlauchstreifchen bestreut servieren.

AB AUF DEN GRILL

Wird der Salat als Grillbeilage zubereitet, dann können Sie die Bambusstreifen anstatt in die Grillpfanne auch direkt auf den Grillrost legen und von beiden Seiten ca. 5 Min. grillen, bevor Sie sie unter den Auberginensalat mischen.

LAUWARMER
TOMATEN-GARNELEN-SALAT

**Eine schöne mediterrane Kombination für eine perfekte Vorspeise.
Die Tomaten werden zum Teil geschmort und der Sud wird als
Dressing verwendet – fast schon zu einfach.**

2 Zweige Thymian
1 Zweig Rosmarin
200 g Strauchtomaten
3 EL Olivenöl
2 EL Aceto balsamico
1 TL Fenchelsamen
Salz
frisch gemahlener schwarzer Pfeffer
200 g Kirschtomaten
3 Stängel Basilikum
3 Stängel Petersilie
500 g ganze Garnelen mit Schale
1 TL Zucker

Für 4 Personen
25 Min. Zubereitung
Pro Portion ca. 160 kcal, 15 g EW,
9 g F, 5 g KH

1 Den Backofen auf 170° vorheizen. Thymian und Rosmarin waschen, trocken schütteln und die Blättchen bzw. Nadeln abstreifen.

2 Die Strauchtomaten waschen, abtrocknen, in eine feuerfeste Form setzen, mit 2 EL Olivenöl und Aceto balsamico beträufeln und mit Thymianblättchen, Rosmarinnadeln, Fenchelsamen, Salz und Pfeffer bestreuen. Die Tomaten im heißen Backofen (Mitte) ca. 20 Min. schmoren.

3 Inzwischen die Kirschtomaten waschen und halbieren. Das Basilikum und die Petersilie waschen, trocken schütteln und die Blätter abzupfen.

4 Die Garnelen mit einem scharfen Messer am Rücken entlang bis zur Schwanzspitze einschneiden und den schwarzen Darm entfernen. Anschließend die Garnelen waschen und trocken tupfen.

5 Das restliche Olivenöl in einer Pfanne erhitzen und die Garnelen darin in ca. 5 Min. rundherum scharf anbraten, dabei salzen.

6 Die Schmortomaten aus dem Ofen holen. Kirschtomaten und Kräuter mit den Schmortomaten vermischen. Den Salat mit Zucker, Salz und Pfeffer abschmecken, auf vier Teller verteilen und darauf die Garnelen anrichten.

VEGGIE-VARIANTE

Anstatt zu gebratenen Garnelen schmeckt der lauwarme Tomatensalat auch wunderbar zu Käse. Wie wäre es z. B. mit Ziegenkäse »brûlée« von Seite 140 oder mit im Päckchen gegartem Feta? Dafür 400 g Feta in 4 Stücke schneiden. Diese auf einen großen Bogen Alufolie legen, mit Rosmarin und Thymian bestreuen und mit etwas Olivenöl beträufeln. Die Folie über dem Käse zum Päckchen verschließen, dieses auf einem Blech unterhalb der Tomaten in den Ofen schieben und den Käse garen, bis auch die Tomaten fertig sind.

ZUCCHINIBLINI MIT KRÄUTERCREME UND KAVIAR

Das blinitypische Buchweizenmehl wurde hier durch Kichererbsenmehl ersetzt, das mit einem Eiweißplus und vollem Geschmack auftrumpft. Und Kaviar geht sowieso immer.

FÜR DIE KRÄUTERCREME:

200 g Quark
2 EL saure Sahne
1 EL Olivenöl
½ Beet Kresse
5 Stängel Kerbel
2 Stängel Dill
½ Bund Schnittlauch
1 TL Zitronensaft
Salz

FÜR DIE BLINI:

1 Zucchino (ca. 150 g)
Salz
1 EL Kichererbsenmehl
50 ml Milch
1 Ei
½ Päckchen Backpulver
2 EL Rapsöl

AUSSERDEM:

50 g Kaviar

Für 4 Personen
25 Min. Zubereitung
Pro Portion ca. 235 kcal, 13 g EW,
18 g F, 5 g KH

1 Für die Kräutercreme den Quark mit der sauren Sahne und dem Olivenöl in eine Schüssel geben und glatt verrühren.

2 Die Kresse vom Beet schneiden. Kerbel, Dill und Schnittlauch waschen und trocken schütteln. Die Blättchen von Kerbel und Dill abzupfen, zusammen mit dem Schnittlauch fein hacken und mit der Kresse unter die Quarkcreme mischen. Die Kräutercreme mit Zitronensaft und Salz abschmecken.

3 Für die Blini den Zucchino putzen, waschen, abtrocknen, fein raspeln, leicht salzen und 2 Min. Wasser ziehen lassen. Zucchiniraspel in ein sauberes Geschirrtuch geben und das Wasser ausdrücken. Die Raspel in eine Schüssel geben und mit Mehl, Milch, Ei, Backpulver und 1 Prise Salz gut vermischen.

4 Das Öl in einer Pfanne erhitzen und pro Blini je 1 EL Teig in die Pfanne setzen. Die Küchlein bei mittlerer Hitze auf beiden Seiten in 4 Min. goldbraun backen. Aus dem übrigen Teig auf die gleiche Art und Weise weitere Blini braten.

5 Die fertigen Blini auf vier Teller verteilen, je 1 Klecks Kräuterquark danebensetzen und etwas Kaviar darüber verteilen.

BLINI-SANDWICHES TO GO

Bestreichen Sie übrig gebliebene Blini mit etwas Kräutercreme und belegen Sie die Hälfte davon nach Lust und Laune beispielsweise mit Schinken, Räucherlachs oder Antipastigemüse. Die unbelegten Blini als Deckel auflegen und die Sandwiches ins Büro oder zum Picknick mitnehmen.

GESCHMORTER TREVISANO
MIT SPECKWACHTEL

Herzhaft, aber fein! Der italienische Trevisano schmeckt etwas kräftiger als der normale Radicchio, deshalb verträgt er es gut, mit dem Speck serviert zu werden. Seine Bitterstoffe machen den Speck auch wieder bekömmlich.

8 Wachteln suprême
16 Scheiben roher Speck
2 Köpfe Radicchio Trevisano
2 EL Erdnussöl
Salz
100 g Zuckerschoten
1 TL Butter
1 EL Honig
10 schwarze Pfefferkörner
5 Langpfefferkörner

Für 4 Personen
25 Min. Zubereitung
Pro Portion ca. 200 kcal, 26 g EW,
32 g F, 7 g KH

1 Den Backofen auf 175° vorheizen. Die Wachteln kalt abwaschen und mit Küchenpapier abtrocknen. Die Wachteln mit jeweils 2 Scheiben Speck umwickeln und in einer Pfanne ohne Fett von beiden Seiten knusprig anbraten. Die Wachteln aus der Pfanne in eine ofenfeste Form geben und beiseitestellen.

2 Den Radicchio Trevisano längs vierteln, waschen und gut trocken tupfen. In derselben Pfanne, in der auch die Wachteln gebraten wurden, das Erdnussöl erhitzen und die Radicchiospalten darin bei mittlerer Hitze in ca. 5 Min. auf beiden Seiten anbraten, dann mit Salz würzen.

3 Den gebratenen Trevisano zu den Wachteln in die Form geben und alles im heißen Ofen (Mitte) ca. 14 Min. ziehen lassen.

4 Die Zuckerschoten quer schräg halbieren und 4 Min. in kochendem Wasser blanchieren, dann in ein Sieb abgießen und abtropfen lassen. In einer neuen Pfanne die Butter mit dem Honig bei mittlerer Hitze zerlassen, die Zuckerschoten dazugeben und durchschwenken.

5 Die beiden Pfeffer im Mörser grob zerstoßen und über den Radicchio streuen. Diesen mit den Zuckerschoten und den Wachteln auf vier Tellern anrichten und mit der übrigen Honigbutter aus der Pfanne beträufelt servieren.

WACHTELN SUPRÊME

So heißen die bereits ausgelösten Wachtelbrüste samt Flügelansatz, die besonders leicht zu verarbeiten sind, weil sie Ihnen zusätzliche Arbeit und damit Zeit sparen. Und die können Sie ganz entspannt bei Tisch mit Ihren Gästen genießen.

NORDSEE-KRABBENSOUFFLÉ
MIT SCHWARZEM TRÜFFEL

Das zarte Gerüst des Soufflés wird von einer winzigen Menge Mehl getragen, umhüllt aber perfekt die gegensätzlichen Geschmäcker von Krabben und schwarzem Trüffel.

½ Bund Schnittlauch
200 g vorgegartes Krabbenfleisch
100 g Buttermilch
1 Schuss Wermut
Salz
1 ½ EL Mehl
etwas abgeriebene Bio-Zitronenschale
3 Eiweiß
1 Spritzer Zitronensaft
Shizo-Kresse und Schnittlauchhalme
   zum Dekorieren

AUSSERDEM:
4 ofenfeste Förmchen mit 5 cm Ø
Fett für die Förmchen
1 schwarzer Trüffel (ca. 4 g)

Für 4 Personen
20 Min. Zubereitung
8 Min. Backen
Pro Portion ca. 85 kcal, 14 g EW,
1 g F, 4 g KH

1 Den Backofen auf 200° (Umluft nicht geeignet) vorheizen. Den Schnittlauch waschen, trocken schütteln und in feine Röllchen schneiden.

2 100 g Krabbenfleisch mit der Buttermilch und dem Wermut in einen hohen Rührbecher geben und pürieren. Die Masse salzen und das Mehl mit dem Schnittlauch und der Zitronenschale unterrühren.

3 Die Eiweiße steif schlagen, dabei den Zitronensaft zugeben, und den Eischnee vorsichtig mit einem Spatel unter die Farce heben.

4 Die Krabbenmasse in die gefetteten Förmchen füllen und die übrigen Krabben darauf verteilen. Die Soufflés im heißen Ofen (Mitte) ca. 8 Min. backen, dabei auf keinen Fall die Backofentür öffnen.

5 Die fertigen Soufflés aus dem Ofen holen, mit einem Esslöffel vorsichtig aus den Förmchen heben und jedes Soufflé auf einem Teller platzieren. Den schwarzen Trüffel darüberhobeln und die Krabben-Soufflés mit etwas Shizo-Kresse sowie Schnittlauchhalmen dekorieren.

SCHWARZE TRÜFFEL LAGERN

Trüffel bewahren Sie am besten in Küchenpapier eingewickelt in einer verschließbaren Plastikdose auf. Das Papier sollte täglich gewechselt werden, so hält sich die schwarze Kostbarkeit bis zu 5 Tage frisch.

IN SAKE GESCHMORTE HÄHNCHEN-ZITRONENGRAS-SPIESSE MIT FRÜHLINGSZWIEBELN

Ein wunderbar reduziertes Gericht, welches aber geschmacklich viele Nuancen bietet: die Süße der Frühlingszwiebeln, das kräftige Karamell auf dem Hähnchenfleisch – mmmh, ein Low-Carb-Gedicht.

600 g ausgelöste Hähnchenoberkeulen
1 Bund Zitronengras
2 EL Sonnenblumenöl
1 EL Honig
2 EL schwarzer Reisessig
1 TL Sojasauce
8 Frühlingszwiebeln
1 EL Puderzucker
Salz
1 EL Sake
1 TL kalte Butter

Für 4 Personen
20 Min. Zubereitung
Pro Portion ca. 365 kcal, 28 g EW, 23 g F, 10 g KH

1 Das Hähnchenfleisch waschen, trocken tupfen und in ca. 3 cm große Stücke schneiden. Die Zitronengrasstangen nach Belieben längs halbieren und am unteren Ende mit einem scharfen Messer anspitzen. Anschließend je 3–4 Hähnchenfleischstücke auf jeden Spieß stecken.

2 1 EL Sonnenblumenöl in einer Pfanne erhitzen und die Spieße darin bei großer Hitze in ca. 4 Min. kross anbraten. Den Honig, den Reisessig und die Sojasauce miteinander verrühren. Die Hähnchenspieße mit dieser Mischung ablöschen und bei etwas kleinerer Hitze 6 Min. offen schmoren lassen, dabei ab und zu die Hähnchen-Zitronengras-Spieße wenden.

3 Inzwischen Frühlingszwiebeln putzen, waschen und dunkles Grün entfernen. Zwiebeln quer halbieren, sodass etwa 10 cm lange Stücke entstehen.

4 In einer zweiten Pfanne das übrige Öl erhitzen und mit dem Puderzucker bestäuben. Sofort die Frühlingszwiebeln in die Pfanne geben und salzen. Jetzt die Zwiebeln rundherum karamellisieren und dann mit dem Sake ablöschen. Die Butter zugeben und die Zwiebeln 2 Min. in der Flüssigkeit schmoren.

5 Die Hähnchen-Zitronengras-Spieße in der anderen Pfanne sollten nun auf einer sämigen Sauce liegen und rundherum kastanienbraun sein. Noch einmal die Hitze erhöhen und die Spieße unter Wenden weiterbraten, bis ihre Oberfläche knusprig ist. Die Frühlingszwiebeln auf vier Teller verteilen und die Hähnchenspieße darauf anrichten. Sofort servieren.

GEFÜLLTE SARDINEN
AUS DEM OFEN

**Entspanntes Intro: Während die gefüllten Fischchen auf ihrem
Zucchinibett im Ofen garen und dann etwas ruhen, bleibt Zeit,
um mit den Gästen auf einen unbeschwerten Abend anzustoßen.**

4 EL Olivenöl
2 Zucchini
Salz
frisch gemahlener schwarzer Pfeffer
2 frische, nicht zu weiche Feigen
je ½ Bund Petersilie und Minze
2 Knoblauchzehen
1 kleine Bio-Blutorange
4 EL geröstete, gesalzene Pistazien
1 Prise gemahlener Kardamom
12 küchenfertige Sardinen
(14–15 cm lang; vom Fischhändler
ausnehmen und die Köpfe
nach Belieben entfernen lassen;
siehe Tipp)

Für 4 Personen
25 Min. Zubereitung
15–20 Min. Backen
Pro Portion ca. 225 kcal, 12 g EW,
17 g F, 7 g KH

1 Eine passende Form für die Sardinen mit Öl auspinseln. Die Zucchini
waschen, putzen, in Scheiben schneiden und den Boden der Form damit auslegen. Die Zucchinischeiben leicht salzen und pfeffern.

2 Die Feigen waschen und sehr fein würfeln. Die Petersilie und die Minze waschen und trocken schütteln. Jeweils die Blättchen abzupfen und fein hacken.
Den Knoblauch schälen und fein hacken.

3 Den Backofen auf 220° vorheizen. Die Orange waschen und abtrocknen.
2 TL Schale abreiben. Die Orange auspressen. Die Pistazien schälen. Die Kerne
grob hacken und mit der Orangenschale, den Feigen, den Kräutern und dem
Knoblauch mischen. Die Mischung mit Kardamom, Salz und Pfeffer würzen.

4 Die Sardinen waschen, salzen und pfeffern. Dann die Fische aufklappen
und die Mittelgräte mit einem Löffelstiel entfernen. Sardinen mit etwas Blut-
orangensaft beträufeln und mit der Feigenmasse füllen.

5 Sardinen zusammenklappen, nebeneinander auf das Zucchinibett setzen
und mit dem übrigen Öl beträufeln. Im heißen Ofen (Mitte) 15–20 Min. backen, dann herausnehmen und am besten vor dem Servieren noch ca. 10 Min.
ruhen lassen. Sie können die Sardinen mit den Zucchini auch kalt servieren.

NUR MINI-FISCHE BEKOMMEN?

*Sehr kleine Sardinen (unter 10 cm Länge) eignen sich nicht zum Füllen. Braten
Sie sie einfach: Die ausgenommenen Sardinen waschen und trocken tupfen.
Gräten müssen nicht entfernt werden. Die Fischchen salzen, pfeffern und in
3–4 EL Olivenöl bei großer Hitze von jeder Seite in 1–2 Min. knusprig braten.
4 EL Pinienkerne kurz anrösten, mit oben beschriebenen Kräutern, abgeriebener
Orangenschale und 1 EL geriebenem Parmesan mischen und über die Fischchen
streuen. Dazu passt sehr gut ein knackiger Salat.*

WALDPILZCONSOMMÉ
MIT MISO, TOFU, KOMBU UND GÄNSEBRUST

Surf & Turf vom Feinsten: Algen und Pilze, beide kräftig im Geschmack, treffen aufeinander. Das einzigartige Aroma kommt aber von der geräucherten Gänsebrust.

200 g Waldpilze (z. B. Maronen, Egerlinge, Pfifferlinge)
2 EL neutrales Öl
1 EL Misopaste
1 TL Sesampaste
50 g Kombu-Algen
100 g Tofu
8–10 frische Mini-Maiskolben
100 g geräucherte Gänsebrust
Salz

Für 2 Personen
40 Min. Zubereitung
Pro Portion ca. 315 kcal, 21 g EW, 17 g F, 16 g KH

1 Die Waldpilze mit einem feuchten Tuch oder Pinsel säubern, die trockenen Schnittstellen abschneiden und die Pilze vierteln.

2 Das Öl in einem Topf erhitzen und die Pilze darin 5 Min. bei großer Hitze anschwitzen. 200 ml Wasser angießen, den Topfinhalt aufkochen und zugedeckt bei mittlerer Hitze 10 Min. köcheln lassen. Nun weitere 200 ml Wasser angießen und die Suppe mit Miso- und Sesampaste abschmecken.

3 Algen in einer Schüssel mit kaltem Wasser bedecken und 10 Min. einweichen. Inzwischen den Tofu in 1 cm große Würfel schneiden. Die Algen ausdrücken, mit dem Tofu zur Suppe geben und darin 5 Min. ziehen lassen.

4 Inzwischen die Maiskolben längs halbieren. Die Gänsebrust in hauchdünne Scheiben schneiden. Beides in die Suppe geben und diese mit Salz würzen. Die Consommé auf zwei tiefe Teller verteilen und servieren.

HAUCHDÜNNER GENUSS IN SCHEIBEN

Um die Gänsebrust wirklich in feinen Scheiben in der Consommé servieren zu können, schneiden Sie sie am besten mit einer Aufschnittmaschine auf. Wer keine hat, legt die Gänsebrust in Frischhaltefolie gewickelt so lange ins Tiefkühlfach, bis sie leicht angefroren ist. Nun lässt sie sich ebenfalls mit einem sehr scharfen Messer hauchdünn für maximalen Genuss portionieren.

LAUCH-GRANNY-CAPPUCCINO
MIT GRÜNEM PFEFFER UND GARNELEN

Rustikale Frische, feine Säure und fruchtige Schärfe ergeben hier zusammen ein starkes Low-Carb-Team, das von würzigen Garnelen perfekt begleitet wird.

FÜR DEN CAPPUCCINO:
2 dicke Stangen Lauch (ca. 500 g)
1 kleine Zwiebel
1 kleines Stück frischer Ingwer
  (ca. 1 cm)
1 säuerlicher Apfel
  (z. B. Granny Smith)
1 EL Rapsöl
500 ml Gemüsefond (Glas)
3 EL Sahne
Salz
frisch gemahlener grüner Pfeffer
100 ml Milch

FÜR DIE GARNELENSPIESSE:
1 kleine Bio-Zitrone
8–12 aufgetaute, blanchierte
  TK-Garnelen (Shrimps; am besten
  in Bio-Qualität)
Salz
frisch gemahlener grüner Pfeffer
2 EL Rapsöl
1 EL fein gehackte Petersilie

AUSSERDEM:
4 größere Holzspieße

Für 4 Personen
1 Std. Zubereitung
Pro Portion ca. 230 kcal, 16 g EW,
14 g F, 10 g KH

1 Für den Cappuccino die Lauchstangen putzen, längs halbieren und sehr gründlich waschen, dann quer in dünne Streifen schneiden. Die Zwiebel schälen und fein würfeln. Den Ingwer schälen und fein reiben. Den Apfel schälen, vierteln, entkernen und in grobe Würfel schneiden.

2 Das Rapsöl in einem Topf erhitzen. Die Zwiebel- und Apfelwürfel darin bei mittlerer Hitze 3–5 Min. andünsten, nicht bräunen. Dann den Ingwer und die Lauchstreifen dazugeben und kurz unter Rühren mitdünsten.

3 Den Gemüsefond und die Sahne dazugießen und aufkochen. Alles zugedeckt bei kleiner Hitze 15–20 Min. köcheln lassen.

4 Inzwischen für die Spieße die Zitrone waschen und abtrocknen. 2 TL Schale abreiben. Die Zitrone halbieren. Von jeder Hälfte 1 dicke Scheibe abschneiden und beiseitelegen. Den Saft aus den Hälften pressen.

5 Die Garnelen waschen und trocken tupfen. Die beiden Zitronenscheiben halbieren und je 1 Hälfte mit je 2 oder 3 Garnelen auf je 1 Holzspieß stecken. Garnelenspieße salzen, pfeffern und mit 1 TL Zitronensaft beträufeln.

6 Die Suppe mit dem Pürierstab sehr fein pürieren und durch ein nicht zu feines Sieb passieren. Falls sie zu dickflüssig ist, noch etwas heißes Wasser angießen. Die Suppe mit Zitronensaft, Salz und grünem Pfeffer abschmecken.

7 Rapsöl in einer Pfanne erhitzen und die Garnelenspieße darin in 3–4 Min. rosa braten. Gleichzeitig die Milch bis kurz vor den Siedepunkt erhitzen und mit dem Milchaufschäumer oder Schneebesen schaumig rühren.

8 Die Suppe auf vier größere Tassen verteilen. Den Milchschaum darübergeben. Die gebratenen Garnelen mit abgeriebener Zitronenschale und Petersilie bestreuen und auf den Tassenrand legen.

SCHWARZKOHLEINTOPF
MIT FENCHEL, CHAMPIGNONS UND TOMATEN

Eine raffinierte »minestra di verdure«, die durch kräftige Gemüse, Parmaschinken und Parmesan schön würzig wird – Low Carb und zum Reinlegen gut!

2 Stangen Staudensellerie
1 kleine Fenchelknolle
1 Zwiebel
10 Champignons (ca. 60 g)
2 EL Olivenöl
50 g Schwarte vom Parmaschinken
  oder Bauchspeck am Stück
1 Bund Schwarzkohl
Salz
4 Fleischtomaten
2 EL Weißweinessig
frisch gemahlener Pfeffer
50 g frisch geriebener Parmesan

Für 4 Personen
50 Min. Zubereitung
Pro Portion ca. 195 kcal, 14 g EW,
12 g F, 6 g KH

1 Den Sellerie putzen, waschen und entfädeln. Den Fenchel putzen, waschen, vierteln und vom harten Strunk befreien. Die Zwiebel schälen und zusammen mit Sellerie und Fenchel klein würfeln. Die Champignons feucht abreiben, die trockenen Schnittstellen abschneiden und die Pilze halbieren.

2 Das Olivenöl in einem Topf erhitzen und Sellerie, Fenchel, Zwiebel und Champignons zusammen mit der Schinkenschwarte darin 4 Min. anbraten.

3 Inzwischen den Schwarzkohl waschen und trocken schütteln. Dicke Blattrippen entfernen, die Blätter quer in 1 cm dicke Streifen schneiden, zum Gemüse in den Topf geben und 4 Min. mitdünsten. Mit 1 l Wasser aufgießen, salzen, aufkochen und ca. 20 Min. bei mittlerer Hitze offen kochen lassen.

4 Inzwischen die Tomaten oben und unten mit einem scharfen Messer über Kreuz einschneiden, in einer Schüssel mit kochendem Wasser übergießen und 4 Sek. darin ziehen lassen. Die Tomaten mit kaltem Wasser abschrecken, häuten, halbieren, Stielansätze und Kerne entfernen und das Fruchtfleisch klein würfeln. Tomaten in die Suppe geben und diese weitere 15 Min. köcheln lassen.

5 Die Schwarte aus dem Eintopf entfernen und diesen mit Weißweinessig, Salz und Pfeffer abschmecken. Den Schwarzkohleintopf auf vier tiefe Teller verteilen und mit geriebenem Parmesan bestreut servieren.

VEGGIE-TIPP

Vegetarier tauschen die Parmaschinkenschwarte einfach gegen ein Stück Rinde vom Parmesan aus. Sie macht den deftigen Schwarzkohl-Gemüse-Eintopf nicht nur würzig, sondern auch besonders sämig.

FISCH-GARNELEN-TOPF MIT SAFRAN
UND DILL-SCHNITTLAUCH-PISTOU

Health-Food vom Feinsten: Meeresfische liefern wertvolle Omega-3-Fettsäuren, Gemüse und Kräuter jede Menge Vitamine und Mineralstoffe. Nur Kohlenhydrate halten sich vornehm zurück.

FÜR DIE SUPPE:

400 ml Fischfond (Glas)
1 Schuss trockener Weißwein
  (nach Belieben)
1 Döschen Safranfäden (0,1 g)
400 g gemischte Fischfilets (z. B.
  Steinbeißer, Rotbarbe, Seelachs; am
  besten den Fischhändler fragen)
4 küchenfertige, geschälte und
  blanchierte Riesengarnelen
  (frisch oder TK und aufgetaut)
1 EL Zitronensaft
Salz
frisch gemahlener Pfeffer
100 g Möhren
100 g Zuckerschoten
½ zarte Stange Lauch
  (nur das Weiße)
1 EL Olivenöl

FÜR DAS PISTOU:

je ½ Bund Schnittlauch und Dill
1–2 TL Zitronensaft
1 EL Mandelstifte
½–1 TL eingelegter grüner Pfeffer
4–5 EL Olivenöl
Salz
1 Msp. abgeriebene Bio-
  Zitronenschale
1 Msp. brauner Zucker
  (nach Belieben)

Für 4 Personen
35 Min. Zubereitung
Pro Portion ca. 315 kcal, 30 g EW,
19 g F, 4 g KH

1 Den Fischfond nach Belieben mit dem Weißwein erhitzen, die Safranfäden einrühren und etwas auflösen lassen.

2 Inzwischen für das Pistou die Kräuter waschen und trocken schütteln. Schnittlauch grob schneiden. Dillspitzen abzupfen und mit dem Schnittlauch in einen Rührbecher geben. 1 TL Zitronensaft, die Mandelstifte und grünen Pfeffer nach gewünschter Schärfe dazugeben. Alles mit dem Pürierstab pürieren, dabei zunächst 4 EL Öl dazugeben, falls nötig, mehr. Das Pistou soll aber nicht zu flüssig sein. Pistou mit Salz, grünem Pfeffer, Zitronensaft und -schale und nach Belieben auch mit Zucker abschmecken.

3 Für die Suppe die Fischfilets und Garnelen waschen und trocken tupfen. Die Fischfilets nach Belieben kleiner schneiden, dabei eventuell aufgespürte Gräten mit einer Pinzette entfernen. Fischfilets und Garnelen mit Zitronensaft beträufeln und mit Salz und Pfeffer bestreuen.

4 Die Möhren schälen und schräg in Scheiben schneiden. Zuckerschoten waschen und schräg in Rauten schneiden. Lauch putzen und in feine Ringe schneiden. Ringe in einem Sieb gründlich waschen.

5 Das Olivenöl in einem Suppentopf erhitzen. Die Möhrenscheiben und Zuckerschotenrauten darin bei kleiner Hitze ca. 2 Min. unter Rühren andünsten. Den Safran-Fond zum Gemüse in den Topf gießen, aufkochen und dieses darin knapp 2 Min. zugedeckt köcheln lassen.

6 Lauchringe dazugeben. Die Hitze reduzieren, die Fischfilets in den Fond legen und darin zugedeckt je nach Dicke in 3–4 Min. bei ganz kleiner Hitze knapp gar ziehen lassen. Die Garnelen dazugeben und 1–2 Min. miterhitzen.

7 Den Fisch-Garnelen-Topf abschmecken, auf vier vorgewärmte Suppenteller verteilen und mit dem Pistou servieren.

LINSEN-GEMÜSE-EINTOPF MIT FISCHPÄCKCHEN

Heißhunger auf Herzhaftes? Hier bringen Linsen und bodenständiges Gemüse kräftigen Geschmack. Und auch die Fischpäckchen haben »Wumms«, Fett und Kohlenhydrate halten sich in erfreulichen Grenzen.

FÜR DEN EINTOPF:
180 g Berglinsen
1 Knoblauchzehe
3 kleine Zweige Rosmarin
3 Schalotten
2 Stangen Staudensellerie
1 große Möhre
1 EL Olivenöl
1 Lorbeerblatt
1 l leichte Gemüsebrühe
2 vollreife Tomaten
100 g Blattspinat
Piment d'Espelette (ersatz-
*   weise Chilischrot)*
ca. 2 EL Aceto balsamico
Salz

FÜR DIE FISCHPÄCKCHEN:
250 g festes dickes Fischfilet (z. B.
*   Kabeljau, Skrei oder Steinbeißer)*
2 EL Zitronensaft
Piment d'Espelette (ersatz-
*   weise Chilischrot)*
Salz
4 dünne Scheiben luftgetrockneter
*   oder geräucherter Schinken*
4 Holzspieße
2 EL Olivenöl

Für 4 Personen
1 Std. Zubereitung
2 Std. Einweichen
Pro Portion ca. 290 kcal, 25 g EW,
9 g F, 23 g KH

1 Die Linsen mit reichlich kaltem Wasser bedecken und ca. 2 Std. einweichen lassen, auch wenn auf der Packungsanleitung keine Einweichzeit angegeben ist.

2 Dann den Knoblauch schälen und sehr fein hacken. Rosmarin waschen und trocken schütteln. Nadeln von 1 Zweig abstreifen und sehr fein hacken. Die Schalotten schälen und fein hacken. Die Selleriestangen putzen, entfädeln, waschen und klein würfeln. Die Möhre putzen, schälen und klein würfeln.

3 1 EL Öl in einem Schmortopf erhitzen. Das klein geschnittene Gemüse darin mit dem Knoblauch 2–3 Min. andünsten. Die Linsen in ein Sieb abgießen, kurz unter fließendem Wasser waschen und dann zum Gemüse schütten. Lorbeer, ganze Rosmarinzweige und die Gemüsebrühe dazugeben. Alles aufkochen, dann bei kleiner Hitze 35–40 Min. zugedeckt köcheln lassen, bis die Linsen weich sind, falls nötig, noch Wasser angießen.

4 Inzwischen die Tomaten mit kochendem Wasser überbrühen, häuten und halbieren. Kerne und Stielansätze entfernen. Das Tomatenfruchtfleisch würfeln und zur Suppe geben. Den Spinat verlesen, grobe Stiele abschneiden. Spinatblätter waschen, größere nach Belieben in Streifen schneiden.

5 Für die Fischpäckchen das Fischfilet mit den Fingerspitzen auf Gräten untersuchen, aufgespürte Gräten mit einer Pinzette herausziehen. Das Fischfilet in 8 Würfel schneiden, diese mit Zitronensaft beträufeln und mit gehacktem Rosmarin, Piment d'Espelette und wenig Salz bestreuen.

6 Die Schinkenscheiben längs halbieren. Je 1 Stück Fisch mit 1 Stück Schinken locker umwickeln. Je 2 Päckchen auf 1 Holzspieß stecken. 5 Min. vor Ende der Garzeit 2 EL Olivenöl in einer großen Pfanne erhitzen. Die Fischpäckchen an den Spießen darin 4–5 Min. bei kleiner Hitze braten, dabei einmal wenden.

7 Rosmarin und Lorbeer aus der fertigen Suppe entfernen. 1 Kelle Suppe pürieren und mit den Spinatblättern wieder untermischen. Suppe einmal aufkochen und mit Piment d'Espelette, Balsamico und Salz abschmecken, dann in vier Teller oder Schälchen geben und mit den Fischpäckchen anrichten.

HAUPTGERICHTE MIT FLEISCH UND FISCH

Das haben sich edles Fleisch und delikater Fisch verdient: Dass wir sie nicht einfach nur in die Pfanne werfen, sondern kunstvoll inszenieren und ihnen einen großen Auftritt gönnen. Mit raffinierten Saucen, überraschender Füllung oder spannend gewürztem Gemüse. So zaubern Sie mit wenig Aufwand aus einem Low-Carb-Gericht ein Gourmet-Highlight. Also, Bühne frei für scharfes Colombo, Roastbeef mit Feta-Mandel-Kruste oder Tintenfisch-Spirelli – Applaus garantiert! Lassen Sie sich aufs Feinste unterhalten!

GEFÜLLTES SCHWEINEKOTELETT
MIT CHIMICHURRI UND BRATAPFEL

**Super einfach: Zum Schluss kommt beides aus dem Ofen.
Beim Schwein sollte es schon ein Duroc, Mangalica oder
ein Hällisches sein, mit einer ordentlichen Schwarte.**

200 g Topinambur
1 Schalotte
2 EL Olivenöl
Salz
3 junge Knoblauchzehen
4 Stängel Petersilie
4 frische rote Chilischoten
Saft von 1 Zitrone
4 mittelgroße Äpfel (z. B. Gala oder
  Boskop)
4 Koteletts vom Hällischen, vom
  Duroc- oder Mangalica-Schwein
  (je ca. 250 g)
80 g Butter

AUSSERDEM:
4 Zahnstocher

Für 4 Personen
40 Min. Zubereitung
Pro Portion ca. 460 kcal, 26 g EW,
29 g F, 17 g KH

1 Für das Chimichurri den Topinambur und die Schalotte schälen und in sehr kleine Würfel schneiden. 1 EL Olivenöl in einer Pfanne erhitzen und beides darin mit etwas Salz goldbraun rösten.

2 Den Knoblauch schälen. Die Petersilie waschen, trocken schütteln und die Blättchen abzupfen. Chilischoten längs halbieren, putzen, entkernen und waschen. Den Knoblauch, die Petersilienblättchen und die Chilihälften fein hacken und mit der Schalotten-Topinambur-Mischung vermengen. Das Chimichurri mit dem Zitronensaft marinieren.

3 Die Äpfel waschen, abtrocknen und die Kerngehäuse mit einem runden Ausstecher entfernen. Den Backofen auf 180° vorheizen.

4 Die Koteletts trocken tupfen und seitlich eine Tasche einschneiden, sodass die Öffnung kleiner als die Tasche ist. Dann etwas von dem Chimichurri in die Taschen stecken und diese, wenn nötig, mit je 1 Zahnstocher verschließen. Anschließend die gefüllten Koteletts leicht salzen.

5 Die Äpfel in eine feuerfeste Form setzen. Das restliche Chimichurri in die Äpfel füllen und die Butter in Flöckchen darauf verteilen. Die Äpfel im heißen Backofen (Mitte) ca. 20 Min. backen, bis die Äpfel weich sind.

6 Inzwischen das restliche Öl in einer Pfanne erhitzen und die Koteletts darin in je 2 Min. von beiden Seiten scharf anbraten, dann noch 10 Min. zu den Äpfeln in den Ofen stellen und ziehen lassen, dazu die Ofentemperatur auf 170° reduzieren. Koteletts und Bratäpfel auf vier Tellern anrichten und servieren.

SCHARFES COLOMBO
MIT GEMÜSE UND ANANAS

Karibische Leichtigkeit für kräftiges Schweinefleisch: Ein Colombo ist die kreolische »Hot-and-spicy«-Version eines sanft geschmorten Ragouts: Sonne auf dem Teller, Low Carb und einfach raffiniert! Wir sind dann mal weg …

1–2 getrocknete Chilischoten
je knapp 1 TL Koriander-, Piment-
*   und schwarze Pfefferkörner*
frisch gemahlene Muskatnuss
1 Knoblauchzehe
1 Stück frischer Ingwer (ca. 2 cm)
2 weiße Zwiebeln
1 kleine Bio-Limette
3 vollreife Tomaten
3 EL Olivenöl
800 g Schweinefleisch zum Schmoren
*   (ohne Schwarte, am besten Schulter*
*   oder Halsgrat)*
Salz
1 EL weißer Rum (nach Belieben)
3 schmale Zucchini
250 g Kürbis (z. B. Muskat
*   oder Butternut; ungeputzt;*
*   ca. 150 g Kürbisfruchtfleisch)*
je 1 rote und grüne Paprikaschote
½ frische Ananas
4 Stängel Petersilie
2 EL Kokos-Chips

Für 4 Personen
1 Std. 45 Min. Zubereitung
Pro Portion ca. 635 kcal, 38 g EW,
44 g F, 20 g KH

1 Stiel(e) der Chilischote(n) abbrechen und die Kerne herausschütteln. Die Chili(s) im Mörser mit den Gewürzkörnern zerstoßen oder in einer Gewürzmühle mahlen und alles mit 1 kräftigen Prise Muskat mischen.

2 Knoblauch, Ingwer und Zwiebeln schälen und fein würfeln. Die Limette waschen und abtrocknen. Die Schale fein abreiben, den Saft auspressen. Die Tomaten mit kochendem Wasser überbrühen, häuten und halbieren. Kerne und Stielansätze entfernen. Das Tomatenfruchtfleisch würfeln.

3 Das Öl in einem großen Schmortopf erhitzen. Das Fleisch in knapp 3 cm dicke Scheiben, dann in Würfel schneiden. Die Würfel im heißen Öl rundherum in 3–5 Min. bei mittlerer bis großer Hitze anbraten, dann Knoblauch, Ingwer und Zwiebeln dazugeben und unter ständigem Rühren und Wenden ca. 3 Min. mitbraten. Alles mit der Gewürzmischung bestreuen und salzen, nach Belieben mit Rum ablöschen. Die Tomaten dazugeben, knapp 300 ml Wasser und den Limettensaft dazugießen. Umrühren und das Fleisch bei kleiner Hitze zugedeckt zunächst ca. 1 Std. schmoren lassen.

4 Inzwischen die Zucchini waschen, putzen und in 1 cm dicke Scheiben schneiden. Das Kürbisstück schälen, die Kerne und Fasern mit einem Löffel herauskratzen. Das Kürbisfruchtfleisch in knapp 2 cm große Würfel schneiden. Die Paprikaschoten halbieren, putzen, waschen und in gut 2 cm große Stücke schneiden. Die Ananashälfte nochmals längs halbieren, den Strunk entfernen. Die beiden Ananasstücke schälen und quer in Stücke oder Würfel schneiden.

5 Nach ca. 1 Std. Schmorzeit die Kürbisstücke dazugeben und mitgaren, nach weiteren 10 Min. Paprikastücke und Zucchinischeiben dazugeben und noch ca. 10 Min. mitschmoren. Falls nötig, etwas Wasser dazugießen. Kurz vor Ende der Garzeit die Ananas unterrühren und miterhitzen.

6 Petersilie waschen und trocken schütteln. Die Blättchen abzupfen und hacken. Das Colombo mit Salz und Limettenschale abschmecken, auf vier tiefe Teller verteilen und mit Petersilie und Kokos-Chips bestreut servieren.

FILETSTEAKS
MIT CHILI-BROMBEER-SAUCE

Low-Carb-Highlight für gute Freunde: Fruchtige Säure, dezente Süße und eine leichte Schärfe von Ingwer und Chili gehen hier eine wunderbare Verbindung ein. Dazu passt das herbe Aroma von grünem Spargel perfekt.

50 g Butter
1 kleines Stück frischer Ingwer (ca. 1 cm)
2 Schalotten
1 frische rote Chilischote
100 g Brombeeren
2 EL Olivenöl
4 dicke Rinderfiletsteaks (à ca. 180 g, je 3–4 cm hoch)
Salz
frisch gemahlener schwarzer Pfeffer
50 ml trockener Rotwein
1 kleiner Schuss Portwein (nach Belieben)
150 ml Fond (Glas)
1–2 TL Honig

Für 4 Personen
40 Min. Zubereitung
Pro Portion ca. 390 kcal, 39 g EW, 23 g F, 5 g KH

1 Die Butter in Flöckchen teilen und auf einem Teller ins Tiefkühlfach stellen. Eine große ofenfeste Form in den Backofen stellen und anschließend den Backofen auf 180° (Umluft nicht empfehlenswert) vorheizen.

2 Ingwer schälen und fein reiben. Schalotten schälen und sehr fein hacken. Chili putzen, längs halbieren, entkernen, waschen und sehr fein hacken. Die Brombeeren verlesen, vorsichtig abbrausen und trocken tupfen.

3 Das Öl in einer großen Pfanne erhitzen. Die Steaks mit Küchenpapier trocken tupfen und dann im heißen Öl bei mittlerer bis großer Hitze auf jeder Seite ca. 1 Min. braten. Das Fleisch herausnehmen. Die Pfanne nicht säubern.

4 Das Fleisch salzen und pfeffern und nebeneinander in die Form im Backofen legen. Im heißen Ofen (Mitte) in 3–4 Min. blutig bis rosa oder in ca. 6 Min. durch garen. Dann die Steaks in Alufolie wickeln und noch 5 Min. im ausgeschalteten Ofen bei weit geöffneter Ofentür ruhen lassen.

5 Inzwischen Ingwer, Schalotten und Chili in der Pfanne bei mittlerer Hitze 3–4 Min. unter Rühren andünsten, aber nicht bräunen. Dann alles mit Rotwein und eventuell Portwein ablöschen. Den Fond angießen.

6 Alles aufkochen und bei großer Hitze auf knapp die Hälfte einkochen lassen. Zum Schluss die eiskalte Butter in die Sauce rühren und damit binden. Brombeeren unter die Sauce rühren, leicht ausdrücken und erhitzen. Sauce mit Salz, Pfeffer und Honig abschmecken und mit den Steaks servieren.

UND DAZU?

Grüner Spargel harmoniert mit Steaks und Sauce besonders gut: 800 g grünen Spargel (dünnere Stangen) waschen. Die holzigen Enden großzügig abschneiden. Die Stangen im unteren Drittel schälen und nach Belieben schräg in Stücke schneiden. Spargelstücke in 2 EL Olivenöl in einer großen Pfanne in 4–6 Min. bissfest braten, nach Wunsch noch mit ein paar Spritzern Gemüsebrühe zugedeckt dünsten, dann mit Salz und Pfeffer würzen und zu den Steaks servieren. Probieren Sie mal den dünnen Thai- oder Wildspargel. Die Stangen schmecken besonders aromatisch und sind bereits nach 2–3 Min. in der Pfanne fertig.

TAFELSPITZ
MIT GEBACKENEM SELLERIE

Ein Klassiker in der Ultraleichtversion. Der Sellerie wird einfach im Ganzen im Ofen gebacken und ist eine Wucht! Und für butterzarten Genuss simmert der Tafelspitz im Topf nur so dahin und möchte auf gar keinen Fall gekocht werden.

1 kg Tafelspitz
1 Knollensellerie (ca. 1 kg)
1 Möhre
1 Petersilienwurzel
1 Stange Lauch
1 Zwiebel
3 EL neutrales Öl
3 Lorbeerblätter
4 Wacholderbeeren
2 Sternanis
½ TL Senfkörner
Salz
50 g Butter
1 TL Mehl
1 EL frisch geriebener Meerrettich
1 Eigelb

Für 4 Personen
30 Min. Zubereitung
2 Std. Backen
1 Std. Garen
Pro Portion ca. 590 kcal, 42 g EW,
43 g F, 9 g KH

1 Den Backofen auf 180° vorheizen. Den Tafelspitz sauber parieren, bei Bedarf die Fettschicht wegschneiden und das Fleisch trocken tupfen.

2 Den Knollensellerie waschen, gründlich sauber bürsten, dann im Ganzen auf ein mit Backpapier belegtes Backblech legen und im heißen Backofen (Mitte) ca. 90–120 Min. backen, bis er weich ist.

3 Die Möhre und die Petersilienwurzel putzen und schälen. Die Lauchstange putzen, längs aufschneiden und gründlich waschen. Anschließend Möhre, die Petersilienwurzel und den Lauch grob in Stücke schneiden.

4 Die Zwiebel ungeschält halbieren und auf der Schnittseite in einer Pfanne ohne Fett bei mittlerer bis großer Hitze bräunen.

5 Inzwischen das Öl in einem großen Topf erhitzen und den Tafelspitz bei großer Hitze in ca. 5 Min. von allen Seiten gut anbraten. Das vorbereitete Gemüse dazugeben und gut anrösten. Dann 2 l Wasser sowie Lorbeerblätter, Wacholderbeeren, Sternanis, Senfkörner und 1 TL Salz dazugeben. Den Topfinhalt einmal kurz aufkochen und mit einer Kelle den Schaum abschöpfen, dann die Hitze reduzieren und alles ca. 1 Std. simmern lassen. Dabei darauf achten, dass die Temperatur der Garflüssigkeit immer zwischen 75 und 80° liegt (Bratenthermometer verwenden).

6 Wenn der Tafelspitz fertig ist, für die Sauce die Butter in einer Kasserolle schmelzen, das Mehl darüberstäuben und zwei Kellen der Tafelspitzbrühe dazugießen. Alles gut verrühren, bis die Sauce gut gebunden ist. Die Kasserolle von der heißen Herdplatte ziehen, dann den Meerrettich und zuletzt das Eigelb zugeben und die Sauce sofort mit dem Pürierstab aufmixen.

7 Den Sellerie aus dem Ofen nehmen und in Spalten schneiden, eventuell die Schale abschneiden. Den Tafelspitz in dünne Scheiben schneiden, zusammen mit dem Sellerie und der Sauce auf vier Tellern anrichten und servieren.

80-GRAD-ROASTBEEF
MIT FETA-MANDEL-KRUSTE UND ARTISCHOCKEN

Ein schönes Gericht für entspannte Gastgeber: Denn das Fleisch gelingt beim Niedriggaren immer perfekt. Da dürfen sich die Gäste sogar auch mal verspäten.

FÜR DAS ROASTBEEF:

*1,2 kg zimmerwarmes Roastbeef
(Fleisch ca. 2 Std. vorher aus dem
Kühlschrank nehmen)
Salz
frisch gemahlener schwarzer Pfeffer
2 EL Olivenöl
1 Knoblauchzehe
100 g Schafskäse (Feta)
4 in Öl eingelegte, getrocknete
Tomaten
½ TL getrocknete Minze
80 g Mandelstifte*

FÜR DIE ARTISCHOCKEN:

*12 kleine Artischocken
4 EL Zitronensaft
2 Schalotten
2 EL Olivenöl
100 ml trockener Weißwein
Salz
frisch gemahlener schwarzer Pfeffer*

*Für 4–6 Personen
45 Min. Zubereitung
3 Std. Garen
Pro Portion (bei 6) ca. 515 kcal,
56 g EW, 28 g F, 7 g KH*

1 Eine ofenfeste Form in den Backofen stellen, den Ofen auf 80° vorheizen. Fettschicht, feine Häutchen und eventuell Sehnen vom Roastbeef abschneiden. Das Fleisch mit Salz und Pfeffer würzen.

2 Das Öl in einer Pfanne erhitzen. Die Knoblauchzehe schälen, grob zerdrücken und ins Öl geben. Das Fleisch im Öl von allen Seiten bei mittlerer bis großer Hitze insgesamt 9–10 Min. anbraten, dabei nicht zu dunkel braten. Dann das Fleisch in die Form geben und im heißen Ofen (Mitte) in knapp 2 ½ Std. dunkelrosa (Kerntemperatur: 55°, falls Sie ein Fleischthermometer benutzen) oder in knapp 3 Std. zartrosa (Kerntemperatur: knapp 60°) garen.

3 Etwa 40 Min. vor Ende der Garzeit die Artischockenstiele ca. 3 cm unterhalb der Artischockenblüte abschneiden und entfernen. Die übrigen Stiele mit einem kleinen Messer dünn schälen. Die harten, äußeren Blätter der Artischocke abzupfen, lieber zu viel als zu wenig. Die Blattspitzen mit einer Schere sehr großzügig abschneiden. Die Artischocken längs halbieren, vom Heu befreien und sofort mit dem Zitronensaft beträufeln.

4 Die Schalotten schälen und fein würfeln. 1 EL Öl in einer beschichteten Pfanne erhitzen. Die Schalotten darin bei kleiner bis mittlerer Hitze glasig dünsten. Den Wein angießen, aufkochen und etwas einkochen lassen. Artischockenhälften dazugeben und zugedeckt 15–20 Min. bei kleiner bis mittlerer Hitze schmoren lassen. Danach die Artischocken offen noch etwas köcheln lassen, bis die Flüssigkeit verdampft ist. Das restliche Öl untermischen.

5 Für die Fetakruste den Schafskäse in eine Schüssel krümeln, das Öl aus der Pfanne ohne die Knoblauchzehe dazugeben. Tomaten abtropfen lassen, fein würfeln und mit der Minze zum Feta geben. Die Hälfte der Mandelstifte ebenfalls dazugeben, den Rest im Mixer fein mahlen und hinzufügen. Alles mit einer Gabel fein zerdrücken und ruhen lassen.

6 Den Backofengrill vorheizen. Roastbeef aus dem Ofen nehmen. Die Fetamischung darauf verteilen. Roastbeef unter den heißen Grillschlangen in 3–4 Min. übergrillen, bis der Käse leicht geschmolzen ist und zu bräunen beginnt. Roastbeef herausnehmen und in dünne Scheiben schneiden. Die Artischocken mit Salz und Pfeffer würzen und zum Roastbeef servieren.

LAMM-PAPRIKA-SPIESSE
MIT AVOCADO-KORIANDER-CREME

Zartes Lammfleisch in feurig-würziger Marinade, dazu ein
herrlich-cremiger Avocadodip – das ist alles andere als
spießig und auch unser Low-Carb-Tipp fürs nächste Grillfest!

FÜR DIE LAMM-SPIESSE:

1 Bio-Zitrone
6 EL Olivenöl
1–2 frische rote Chilischoten
2 Knoblauchzehen
1 TL gemahlener Kreuzkümmel
1–2 Prisen gemahlener Koriander
Salz
750 g Lammrücken (Lammlachse)
2 große rote Paprikaschoten
1 große gelbe Paprikaschote
4 dünne Frühlingszwiebeln
8 grüne Oliven ohne Stein
8 große Holz- oder Metallspieße

FÜR DIE AVOCADOCREME:

2 kleine reife Avocados
Zitronensaft und -schale (von oben)
1 EL Frischkäse
1 TL Tequila (nach Belieben)
1 kleine Knoblauchzehe
1 Strauchtomate
1 kleines Bund Koriander oder
  je 5–6 Stängel Petersilie und
  Koriander
Salz
frisch gemahlener Pfeffer

Für 4 Personen
45 Min. Zubereitung
mind. 1 Std. Marinieren
Pro Portion ca. 545 kcal, 35 g EW,
40 g F, 9 g KH

1 Für die Spieße die Zitrone waschen und abtrocknen. Die Schale fein abreiben, den Saft auspressen. Für eine Marinade 2 EL Saft, ½ TL Schale und
4 EL Öl verrühren. Übrigen Saft und restliche Schale für die Avocadocreme
beiseitestellen. Die Chili(s) putzen, längs halbieren, entkernen, waschen, sehr
fein hacken und zur Zitronensaftmischung rühren. Knoblauch schälen und
dazupressen. Kreuzkümmel, Koriander und gut 1 TL Salz unterrühren. Fettschicht, feine Häutchen und evtl. Sehnen vom Lammfleisch abschneiden.
Die Fleischstränge längs halbieren, quer in Würfel schneiden und mit der
Marinade verrühren, dann mindestens 1 Std. marinieren.

2 Den Backofen auf 225° vorheizen. Die Paprikaschoten halbieren und
putzen. Ein Backblech mit Backpapier belegen. Die Schotenhälften mit den
Schnittflächen nach unten darauflegen und im Ofen ca. 20 Min. backen, bis
die Haut schwarz wird. Paprikaschoten aus dem Ofen nehmen und mit einem
feuchten Tuch bedeckt etwas abkühlen lassen.

3 Die Frühlingszwiebeln putzen, waschen und in lammwürfelbreite Stücke
schneiden. Die Paprikaschoten häuten, in passende Stücke schneiden und
abwechselnd mit dem Lammfleisch auf die Spieße stecken, dazwischen auch
immer mal 1 Stück Frühlingszwiebel stecken. Als letztes auf jeden Spieß 1 Olive
stecken und die Spieße bis zum Braten ruhen lassen.

4 Für die Avocadocreme die Avocados halbieren, den Stein entfernen. Das
Fruchtfleisch mit einem Löffel aus den Schalen kratzen und sofort mit 3 EL Zitronensaft, dem Frischkäse und eventuell dem Tequila mit einer Gabel fein
zerdrücken und mischen. Knoblauch schälen und dazudrücken.

5 Die Tomate mit kochendem Wasser überbrühen, häuten, halbieren, von
Kernen und Stielansatz befreien und fein würfeln. Die Kräuter waschen und
trocken schütteln. Blättchen abzupfen, fein hacken und mit den Tomatenwürfeln und 1 Msp. Zitronenschale unter die Avocadocreme rühren. Alles mit Salz,
Pfeffer, Zitronensaft und -schale abschmecken und kühl stellen.

6 Das restliche Öl in einer großen Pfanne erhitzen. Die Spieße darin in
4–6 Min. bei mittlerer bis großer Hitze rundherum braun braten, das Fleisch
sollte aber innen noch rosa sein. Spieße mit der Avocadocreme servieren.

GEKOCHTE LAMMSCHULTER
MIT RAUCHMANDEL-SALZZITRONEN-GREMOLATA

Gekochte, saftige Lammschulter mit einer Gremolata, die zugleich
Sauce und Beilage ist: Meerrettich, Rauchmandel und Zitrone stellen
die klassische dunkle Sauce kurzerhand in den Low-Carb-Schatten.

FÜR DIE GREMOLATA:

2 Bio-Zitronen
Salz
6 Stängel Petersilie
100 g Rauchmandeln
3 EL frisch geriebener Meerrettich

FÜR DIE LAMMSCHULTER:

1 Zwiebel
100 g Knollensellerie
1 Möhre
*ca. 1,2 kg Lammschulter (vom
    Metzger auslösen lassen)*
Salz
2 EL neutrales Öl
½ TL Pimentkörner
4 schwarze Pfefferkörner
6 Wacholderbeeren
1 Lorbeerblatt

Für 4 Personen
30 Min. Zubereitung
1 Std. Garen
*Pro Portion ca. 680 kcal, 63 g EW,
43 g F, 5 g KH*

1 Für die Rauchmandel-Salzzitronen-Gremolata die beiden Enden der Zitronen abschneiden. In einem Topf 200 g Salz mit 400 ml Wasser zum Kochen bringen und die Zitronen darin bei mittlerer Hitze zugedeckt 20 Min. kochen, dann in ein Sieb abgießen und erkalten lassen.

2 Unterdessen für die Lammschulter die Zwiebel schälen. Den Sellerie und die Möhre putzen und schälen und zusammen mit der Zwiebel würfeln.

3 Die Lammschulter trocken tupfen, leicht salzen, von der langen Seite her aufrollen und zusammenbinden (siehe Tipp). In einem hohen Bräter etwas Öl erhitzen und den Rollbraten darin von allen Seiten ca. 5 Min. anbraten, dann herausnehmen, auf einen großen Teller legen und beiseitestellen.

4 Das vorbereitete Gemüse mit den Gewürzen in den Bräter geben und in ca. 4 Min. anrösten. Dann die Lammschulter wieder dazugeben und den Bräter mit Wasser auffüllen, bis alles bedeckt ist. Den Topfinhalt aufkochen und ca. 10 Min. kochen lassen, dann die Hitze reduzieren und die Brühe für ca. 1 Std. nur noch offen simmern lassen, damit die Schulter schön rosa bleibt.

5 Inzwischen für die Gremolata die Salzzitronen halbieren, das Fruchtfleisch herauskratzen (es wird nicht verwendet) und die Schalen zuerst in Streifen, dann in Würfel schneiden. Die Petersilie waschen, trocken schütteln und die Blättchen abzupfen. Die Rauchmandeln und die Petersilienblättchen zur Zitronenschale geben und alles sehr fein hacken. Den Meerrettich unter die Gremolata mischen. Die Lammschulter aus der Brühe nehmen, aufschneiden, auf vier Tellern anrichten und mit der Gremolata servieren.

ROLLBRATEN BINDEN

Ein Ende der Fleischrolle mit Küchengarn umwickeln und die Schlaufe mit einem Doppelknoten fixieren. Das lange Ende des Küchengarns mit einer Hand festhalten, mit der anderen Hand das Garn zu einer Schlaufe drehen und diese in ca. 2 cm Abstand zur ersten Schlaufe um das Fleisch legen. So fortfahren, bis das andere Bratenende erreicht ist. Die Fadenenden auf der Rückseite verknoten.

LAMMHAXERL MIT PFIFFERLINGEN UND ORANGEN-MANDEL-SPRINKLE

Hier badet sanft geschmortes Fleisch mit aromatischen Pilzen und al dente gebratenem Gemüse in rotweinwürziger Sauce – ein Spätsommer-Fest, das auch anspruchsvolle Genießer zu Low-Carb-Fans macht.

16 Schalotten
2 Knoblauchzehen
2 Stangen Staudensellerie
1 Bund mediterrane Kräuter
  (Rosmarin, Thymian, Lorbeerblatt)
4 EL Olivenöl
4 dicke Lammhaxerl (à ca. 350 g,
  am besten beim Metzger vorbestel-
  len, siehe Tipp)
Salz
frisch gemahlener schwarzer Pfeffer
1 EL Tomatenmark
250 ml Lammfond
  (Glas; ersatzweise Hühnerbrühe)
250–500 ml trockener Rotwein
1 Bund zarte Möhren
1 TL brauner Zucker
300 g Pfifferlinge
½ Bund Petersilie
2 EL Mandelstifte
1 TL abgeriebene Schale von
  1 Bio-Orange

Für 4 Personen
40 Min. Zubereitung
1 Std. 30 Min. Schmoren
Pro Portion ca. 965 kcal, 59 g EW,
67 g F, 15 g KH

1 Die Schalotten und den Knoblauch schälen. 12 Schalotten beiseitelegen. Die restlichen 4 Schalotten zusammen mit dem Knoblauch grob hacken. Anschließend die Selleriestangen putzen, entfädeln, waschen und grob würfeln. Das Kräuterbund waschen und trocken schütteln.

2 In einem großen Schmortopf 2 EL Olivenöl erhitzen. Die Lammhaxerl darin bei großer Hitze in ca. 5 Min. rundherum goldbraun anbraten, herausnehmen und kräftig mit Salz und Pfeffer würzen.

3 Das Tomatenmark im Bratsatz anbraten. Die grob gehackten Schalotten mit dem Staudensellerie und den Knoblauchzehen dazugeben und kurz unter Rühren mitbraten. Das Kräuterbund und die Haxerl dazugeben.

4 Den Lammfond und ca. 250 ml Rotwein dazugießen. Die Haxerl ca. 1 ½ Std. zugedeckt schmoren lassen, dabei zwei- bis dreimal wenden. Falls nötig, immer wieder mal etwas Wasser oder Rotwein angießen.

5 Die Möhren putzen, dabei ein wenig Grün stehen lassen. Möhren schälen und – falls nötig – längs vierteln. 1 EL Öl in einer zweiten Pfanne erhitzen und die Möhren mit den übrigen Schalotten darin bei gut mittlerer Hitze 3–5 Min. anbraten. Zucker darüberstreuen und leicht karamellisieren lassen.

6 Die Lammhaxerl nach der Schmorzeit aus dem Topf nehmen. Dann die Sauce durch ein Sieb in einen zweiten Topf passieren und je nach Konsistenz einkochen lassen oder mit etwas Wasser aufgießen. Die Lammhaxerl mit den Möhren, den ganzen Schalotten und der Sauce wieder zurück in den Schmortopf geben. Die Pfanne beiseitestellen.

7 Alles im Schmortopf erhitzen und weitere 10–12 Min. kochen lassen. Inzwischen die Pfifferlinge verlesen, ganz kurz abbrausen und trocken tupfen. Die Petersilie waschen und trocken schütteln. Die Blättchen abzupfen und hacken.

8 Die Mandelstifte in der beiseitegestellten Pfanne anrösten, dann herausnehmen. Die Pfifferlinge mit dem restlichen Öl in die Pfanne geben und in 4–6 Min. bei großer Hitze anbraten. Zum Schluss unter den Lammtopf rühren.

9 Den Lammtopf mit Salz und Pfeffer und eventuell 1 Prise braunem Zucker abschmecken. Petersilie, Orangenschale und Mandeln mischen und den Lammtopf mit dem Orangen-Mandel-Sprinkle bestreut servieren.

LOW-BUDGET-LAMM

Lammhaxerl oder Lammstelzen, wie sie im Norden Deutschlands heißen, können Sie selbst in Bio-Qualität sehr günstig kaufen. Am besten bestellen Sie sie beim Metzger vor. Wenn Sie dann nur kleinere Lammhaxerl (à ca. 230 g) bekommen, nehmen Sie besser 2 Haxerl pro Person für dieses Gericht. Dann können Sie die erste Schmorzeit jedoch um gut 15 Min. reduzieren.

WILDGESCHNETZELTES MIT ROSA PFEFFER UND KASTANIENSEITLINGEN

Es passt perfekt, wenn zartes Wildfleisch auf aromatische Pilze trifft.
Doch bevor dem harmonischen Paar zu langweilig wird, peppen
rosa Pfefferbeeren und ein Hauch Schokolade die Beziehung auf.

Salz
400 g breite grüne Schneidebohnen
6 Stängel Bohnenkraut
½ Bio-Orange
1 großer Zweig Rosmarin
1 TL rosa Pfefferbeeren
½ TL Wacholderbeeren
700 g Rehfilet
400 g Kastanienseitlinge (Bioladen;
*   ersatzweise Austernpilze)*
1 Knoblauchzehe
1 rote Zwiebel
2 EL Olivenöl
2 EL Butter
1 Schuss trockener Portwein
*   (ersatzweise Holundersaft)*
400 ml Wildfond (Glas)
1 EL dunkle Schokoladenraspel
*   (mind. 70 % Kakaoanteil)*
frisch gemahlener schwarzer Pfeffer
80 g Crème fraîche

Für 4 Personen
45 Min. Zubereitung
Pro Portion ca. 475 kcal, 48 g EW,
25 g F, 13 g KH

1 Reichlich Wasser für die Schneidebohnen aufkochen und salzen. Die Bohnen waschen, putzen und ganz lassen oder schräg halbieren. Das Bohnenkraut waschen und zusammenbinden. Die Bohnen mit dem Bohnenkraut im kochenden Salzwasser in 7–8 Min. knapp bissfest garen, anschließend in ein Sieb abgießen, kalt abschrecken und abtropfen lassen.

2 Die Orangenhälfte waschen und abtrocknen. Die Schale fein abreiben und den Saft auspressen. Den Rosmarin waschen und trocken schütteln. Dann die Nadeln abstreifen und bis auf einen kleinen Rest fein hacken. Ein paar Pfefferbeeren beiseitelegen. Die übrigen mit den Wacholderbeeren in einem Mörser fein zerstoßen. Gut 1 TL abgeriebene Orangenschale und den gehackten Rosmarin zur Gewürzmischung im Mörser geben.

3 Das Rehfilet in dünne Scheiben, diese in Streifen schneiden, mit gut der Hälfte der Gewürzmischung bestreuen und vermischen. Die Kastanienseitlinge mit einem feuchten Küchenpapier abreiben, dicke Stielenden abschneiden. Anschließend die Kastanienseitlinge in Streifen schneiden.

4 Knoblauch und Zwiebel schälen und sehr fein würfeln. 1 EL Öl in einer Pfanne erhitzen. Zwiebel und Knoblauch mit der übrigen Gewürzmischung darin bei kleiner Hitze in 5 Min. glasig dünsten. Mischung herausnehmen.

5 Das restliche Öl in das Bratfett geben. Die Hitze erhöhen. Die Rehfiletstreifen im heißen Öl bei mittlerer bis großer Hitze unter Rühren 1–2 Min. braten, dann herausnehmen und leicht salzen.

6 Knapp 1 EL Butter zum Bratfett in die Pfanne geben und erhitzen. Die Kastanienseitlinge darin bei großer Hitze unter Wenden braten, bis die Flüssigkeit, die sich dabei bildet, fast wieder verdampft ist. Die Zwiebelmischung unter die Pilzmischung rühren und alles mit dem Portwein ablöschen. Den Fond dazugießen, aufkochen und etwas einkochen lassen.

7 Die übrige Butter in einem breiten Topf schmelzen, die Bohnen leicht salzen und darin zugedeckt erhitzen, falls nötig, 1 Spritzer Wasser dazugeben.

8 Die Schokolade unter den eingekochten Fond und die Pilze rühren. Das Rehfilet unterrühren und in der Sauce erhitzen. Das Wildgeschnetzelte mit Salz und Pfeffer abschmecken. Die Bohnen nach Belieben mit Pfeffer würzen und auf Tellern anrichten. Geschnetzeltes dazugeben, mit je 1 Klecks Crème fraîche garnieren. Beiseitegelegte Rosmarinnadeln und rosa Pfefferbeeren grob hacken und auf die Crème fraîche streuen.

DAZU: MÖHRENNUDELN

Wer mag, kann dazu noch Möhrennudeln arrangieren. Dazu 2 dicke Möhren schälen, längs in bandnudelbreite Streifen hobeln und bei mittlerer Hitze in wenig Gemüsebrühe zugedeckt in 2–3 Min. bissfest dünsten. Die Möhrennudeln als Nester neben Geschnetzeltem und Bohnen anrichten.

HIRSCHRÜCKEN MIT TRAUBEN, PINIENKERNEN UND GEBACKENEM BLUMENKOHL

Wild einmal anders: Mit hocharomatischer Sauce, Trauben und Blumenkohl kommt es ganz leicht in dieser italienischen Variante daher. Knödel, Spätzle & Co. vermisst da keiner mehr.

FÜR DEN HIRSCHRÜCKEN:

100 g Knollensellerie
1 Möhre
1 Zwiebel
300 g Hirschknochen
4 EL neutrales Öl
500 ml Rotwein
1 Lorbeerblatt
3 Wacholderbeeren
2 Pimentkörner
Salz
800 g Hirschrücken
80 g kalte Butter
100 g rote Trauben
1 Zweig Thymian
40 g Pinienkerne

FÜR DEN BLUMENKOHL:

1 Blumenkohl (ca. 600 g)
3 EL Olivenöl
Salz
frisch gemahlener Pfeffer
1 EL Semmelbrösel

Für 4 Personen
50 Min. Zubereitung
1 Std. Garen
Pro Portion ca. 695 kcal, 38 g EW, 46 g F, 15 g KH

1 Den Backofen auf 180° vorheizen. Sellerie und Möhre putzen und schälen. Zwiebel schälen und zusammen mit Sellerie und Möhre würfeln.

2 Die Hirschknochen auf einem Backblech verteilen und im heißen Ofen (oben) 20 Min. rösten, dann herausnehmen, den Ofen aber angeschaltet lassen und die Temperatur auf 170° reduzieren.

3 In einem großen Topf 2 EL Öl erhitzen und die Knochen darin mit Sellerie, Möhre und Zwiebel ca. 6 Min. anschwitzen. Den Rotwein angießen und Lorbeerblatt, Wacholderbeeren und Piment zugeben. Den Topfinhalt leicht salzen, aufkochen und bei kleiner Hitze ca. 1 Std. offen köcheln lassen. Die Sauce sollte dann um zwei Drittel reduziert sein.

4 Inzwischen den Blumenkohl waschen und die Röschen vom Strunk abschneiden. Diese mit dem Olivenöl, Salz, Pfeffer und den Semmelbröseln in einer Schüssel mischen und auf einem mit Backpapier ausgelegten Blech im heißen Ofen (Mitte) in ca. 15 Min. goldbraun backen.

5 Unterdessen den Hirschrücken von der Silberhaut befreien und leicht salzen. In einer ofenfesten Pfanne das restliche Öl erhitzen und den Hirschrücken darin bei großer Hitze in ca. 30 Sek. von jeder Seite scharf anbraten. Anschließend die Pfanne mit dem Fleisch auf den Backofenrost unter dem Blech mit den Blumenkohlröschen in den Backofen schieben und den Hirschrücken darin ca. 10 Min. nachziehen lassen.

6 Die Sauce durch ein feines Sieb in einen zweiten Topf passieren und 40 g kalte Butter unterschlagen. Trauben waschen, halbieren und entkernen.

7 Restliche Butter in einer Pfanne erhitzen. Den Thymian sowie die Pinienkerne dazugeben und kurz darin anrösten. Den Hirschrücken dazugeben und nur kurz darin schwenken. Die Pinienkerne aus der Pfanne nehmen und auf etwas Küchenpapier abtropfen lassen.

8 Hirschrücken in vier Portionen teilen, mit Blumenkohl, Sauce und Trauben auf vier Tellern anrichten und mit den Pinienkernen bestreut servieren.

HÄHNCHENKEULEN AUF LÖWENZAHNSPINAT UND SCHMORTOMATEN

Löwenzahn hat sich vom lästigen Unkraut zur viel gelobten Heilpflanze gemausert. Zu Recht! Genießen Sie ihn hier als Spinat und pflegen Sie ganz nebenbei Ihre Gesundheit auf die feine Art.

4 Hähnchenkeulen (je ca. 250 g)
Salz
8 Tigertomaten
50 ml Olivenöl
2 EL Aceto balsamico
2 Sternanis
1–2 Knoblauchzehen
1 Zweig Thymian
2 Lorbeerblätter
1 l Eiswasser
1 EL Zucker
1 Bund Löwenzahn (ca. 800 g)
3 EL Ahornsirup

Für 4 Personen
20 Min. Zubereitung
40 Min. Grillen
Pro Portion ca. 485 kcal, 33 g EW,
31 g F, 19 g KH

1 Die Hähnchenkeulen kalt waschen, trocken tupfen und leicht salzen. Den Backofen auf 180° vorheizen. Die Keulen auf den Backofenrost legen. Diesen auf mittlerer Schiene in den Ofen schieben, ein leeres Backblech auf der Schiene darunter einschieben und die Keulen ca. 30 Min. grillen.

2 Inzwischen die Tomaten waschen und nach 20 Min. Grillzeit auf das Blech unter den Hähnchenkeulen legen, mit dem Olivenöl und Essig beträufeln sowie Sternanis, Knoblauch, Thymian und die Lorbeerblätter mit aufs Blech geben. 2 EL Wasser mit 1 TL Salz verrühren.

3 Das Eiswasser mit dem Zucker in einer Schüssel verrühren. Den Löwenzahn verlesen, putzen, waschen und anschließend ins gezuckerte Eiswasser legen, um die Bitterstoffe zu minimieren.

4 Wenn die Schenkel fertig sind – man erkennt das daran, dass sich die Haut vom vordersten Knochen löst, die Schenkel mit der Salzwasserlösung einstreichen und 10 Min. weiterbraten, damit sie schön knusprig werden. Die Flüssigkeit aus dem Blech abgießen und auffangen.

5 Inzwischen den Löwenzahn aus dem Zuckerwasser heben, trocken schütteln und in ca. 5 cm lange Stücke schneiden. In einer tiefen Pfanne die Schmorflüssigkeit der Tomaten erhitzen und den Löwenzahn darin bei großer Hitze zugedeckt zusammenfallen und noch ca. 5 Min. schmoren lassen. Den Löwenzahnspinat leicht salzen und mit dem Ahornsirup abschmecken.

6 Die Hähnchenkeulen mit den Schmortomaten und dem Löwenzahnspinat auf vier Tellern anrichten und sofort servieren.

CHICKEN MOLE MIT AVOCADO, TOMATE UND POPCORN

Dieses würzige Gericht aus Mexiko geht schnell und schmeckt superlecker. Weil man in der mexikanischen Küche auf den Mais nicht verzichten kann, machen wir einfach etwas Popcorn dazu.

4–6 ausgelöste Hähnchenoberkeulen (ca. 250 g)
Salz
4 EL Erdnussöl
3 EL Mole-Gewürzmischung (siehe Tipp)
100 ml Hühnerfond (Glas)
50 ml Weißwein (ersatzweise Fond)
1 Limette
2 Avocados
2 Tomaten
1 Schalotte
frisch gemahlener Pfeffer
1 Tasse Popcornmais (ca. 150 g)
4 Stängel Koriandergrün

Für 4 Personen
30 Min. Zubereitung
Pro Portion ca. 890 kcal, 48 g EW, 64 g F, 28 g KH

1 Das Hähnchenfleisch kalt waschen, trocken tupfen, in Würfel schneiden und salzen. 1 EL Öl in einem Topf erhitzen und die Hähnchenwürfel darin bei großer Hitze in ca. 5 Min. scharf anbraten. Dann mit der Mole-Gewürzmischung bestreuen und mit Hühnerfond und dem Weißwein aufgießen. Das Fleisch offen bei mittlerer Hitze ca. 15 Min. sämig schmoren lassen.

2 Inzwischen die Limette auspressen. Die Avocados halbieren, die Steine entfernen, das Fruchtfleisch mit einem Löffel aus den Schalen heben, würfeln und in einer Schüssel sofort mit dem Limettensaft beträufeln. Die Tomaten waschen, von den Stielansätzen befreien und fein würfeln. Die Schalotte schälen, fein hacken, mit den Tomatenwürfelchen zu den Avocados geben und den Salat mit Salz, Pfeffer und 1 EL Erdnussöl abschmecken.

3 In einen großen Topf das übrige Erdnussöl und den Popcornmais hineingeben, den Deckel auflegen und die Maiskörner bei mittlerer Hitze aufpoppen lassen. Das noch heiße Popcorn leicht salzen.

4 Vier Teller vorwärmen. Den Koriander waschen, trocken schütteln und die Blättchen abzupfen. Den Avocadosalat auf die Teller verteilen, die Mole daneben anrichten und mit Koriander und Popcorn bestreut servieren.

MOLE-GEWÜRZMISCHUNG

Die Mole-Gewürzmischung gibt es in vielen regionalen Variationen, meist besteht sie aus Chili, Kakaopulver, Muscovadozucker, Tomatenflocken, Erdnuss, Pfeffer, Zimtblüten, Knoblauch und Gewürznelken. Oft wird Vanille, Anis und Fenchelsaat beigemischt. Mit einer guten Gewürzmühle können Sie sich auch Ihre eigene Mole-Gewürzmischung herstellen.

PUTENROLLBRATEN
MIT PEPERONATA

Einfach und dankbar: Dieses Gericht lässt sich hervorragend vorbereiten. Saftige Pute bekommt man übrigens nur, wenn man das aromatischere Fleisch aus der Oberkeule verwendet.

FÜR DEN ROLLBRATEN:

800 g ausgelöste Putenoberkeule
1 Zwiebel
3 Stängel Petersilie
1 Knoblauchzehe
1 EL körniger Senf
60 g Haselnusskerne
Salz
frisch gemahlener Pfeffer
1 EL Olivenöl extra vergine

FÜR DIE PEPERONATA:

6–8 rote Paprikaschoten (ca. 600 g)
1 rote Zwiebel
1 Bio-Zitrone
1 Zweig Thymian
Salz
3 Pimentkörner
2 Lorbeerblätter
2 Sternanis
1 EL Tomatenmark
30 ml Olivenöl extra vergine
12 schwarze Oliven ohne Stein

Für 4 Personen
30 Min. Zubereitung
25 Min. Garen
Pro Portion ca. 600 kcal, 42 g EW,
41 g F, 11 g KH

1 Die Putenoberkeule mit der Hautseite nach unten auf ein Brett legen und die Innenseiten von größeren Sehnen befreien. Die Zwiebel schälen und fein hacken. Die Petersilie waschen, trocken schütteln, die Blättchen abzupfen und diese grob hacken. Den Knoblauch schälen, fein hacken und mit Zwiebel, Petersilie und Senf in einen hohen Rührbecher geben.

2 Den Backofen auf 180° vorheizen. Die Haselnüsse in einer Pfanne ohne Fett bei mittlerer Hitze anrösten, bis sie duften. Nüsse aus der Pfanne auf ein Brett schütten, grob hacken und in den Rührbecher geben. Den Becherinhalt mit dem Pürierstab grob pürieren, es dürfen ruhig sichtbare Stücke übrig bleiben.

3 Die Füllung salzen und pfeffern und die Putenkeule auf der Innenseite gleichmäßig mit der Masse einstreichen. Die Keule von der langen Seite her zusammenrollen und fest mit Küchengarn verschließen (siehe Tipp Seite 92).

4 Für die Peperonata die Paprikaschoten längs halbieren, putzen, waschen und in 2–3 cm große Rauten schneiden. Die Zwiebel schälen und längs in dünne Scheiben schneiden. Zitrone heiß waschen, abtrocknen und in hauchfeine Scheiben schneiden. Thymian waschen und trocken schütteln.

5 Paprika, Zwiebel, Thymian und Zitrone mit Salz, Piment, Lorbeer und Anis in einer Auflaufform oder auf einem Backblech mischen. Das Tomatenmark mit dem Olivenöl verrühren und über das Gemüse gießen. Die Peperonata auf der unteren Schiene in den Backofen schieben und ca. 25 Min. backen.

6 Inzwischen 1 EL Olivenöl in einer ofenfesten Pfanne erhitzen und den Rollbraten darin von allen Seiten bei großer Hitze ca. 5 Min. anbraten. Den Rollbraten in der Pfanne über die Peperonata auf mittlerer Schiene auf den Rost in den heißen Ofen stellen und in ca. 20 Min. fertig garen.

7 Beides aus dem Ofen holen. Thymian, Pimentkörner, Lorbeerblatt und Sternanis aus der Peperonata entfernen und die schwarzen Oliven untermischen. Den Rollbraten in Scheiben schneiden. Die Peperonata auf vier Tellern anrichten und die Bratenscheiben daneben platzieren.

MIT SPINAT UND LINSEN
GEFÜLLTES PERLHUHN

Das Auslösen des Perlhuhns braucht etwas Geschick, aber es lohnt sich! Indem die Beilagen sozusagen gleich mitgebrütet werden, finden sich die Aromen von Fleisch, Linsen, Steinpilzen und Spinat wunderbar zusammen.

1 Perlhuhn (ca. 800 g)
ca. 150 g Tellerlinsen
200 g Blattspinat
1 Möhre
2 Schalotten
2 EL Rapsöl
3 getrocknete Steinpilze
Salz
2 cl Sherry
100 g Pancetta in dünnen Scheiben

Für 4 Personen
50 Min. Zubereitung
25 Min. Garen
Pro Portion ca. 530 kcal, 62 g EW, 27 g F, 18 g KH

1 Das Perlhuhn auf die Brustseite legen und mit einem scharfen Messer den gesamten Rücken von oben an der Wirbelsäule entlang nach unten schneiden (**Bild 1**). Dann das Fleisch nacheinander zu beiden Seiten vorsichtig den Knochen entlang bis zur Brustspitze mit der Messerspitze ablösen (**Bild 2**), dabei die Gelenke der Flügel und der Beine einfach mit dem Messer durchtrennen. Zum Schluss vorsichtig die Karkasse vom Brustbein trennen (**Bild 3**). Das ausgelöste Huhn bis zur Weiterverarbeitung kühlen.

2 Die Linsen in einem kleinen Topf mit Wasser bedecken, zum Kochen bringen und die Linsen bei kleiner bis mittlerer Hitze zugedeckt in ca. 15 Min. weich garen, dann in ein Sieb abgießen.

3 Den Spinat verlesen und von ganz dicken Stielen befreien. In einem Topf 200 ml Wasser zum Kochen bringen, den Spinat dazugeben, zudecken und bei mittlerer Hitze darin in ca. 4 Min. zusammenfallen lassen. Dann den Spinat in ein Sieb abgießen, etwas abkühlen lassen und das Wasser ausdrücken.

4 Die Möhre putzen und schälen. Die Schalotten schälen und zusammen mit der Möhre in feine Würfel schneiden. 1 EL Rapsöl in einem Topf erhitzen und die Gemüsewürfel darin bei mittlerer Hitze ca. 6 Min. anbraten. Die getrockneten Steinpilze hacken und dazugeben. Die Linsen zugeben, mit Salz würzen, mit dem Sherry ablöschen und beiseitestellen.

5 Den Backofen auf 175° vorheizen. Jetzt das Perlhuhn aufgeklappt auf ein Brett legen, leicht salzen und mit dem Blattspinat belegen. Darauf die Linsen verteilen. Jetzt das Perlhuhn wieder verschließen, indem man die Rückenlappen wieder zueinanderführt. Das Perlhuhn mit Rouladennadeln oder Küchengarn verschließen und mit Pancetta umwickeln.

6 In einer ofenfesten Pfanne das restliche Öl erhitzen und die Perlhuhnrolle darin rundherum bei großer Hitze ca. 10 Min. anbraten, dann im heißen Ofen (Mitte) in ca. 25 Min. fertig garen. Das Perlhuhn zum Servieren in vier Scheiben schneiden und diese auf vier Tellern anrichten (**Bild 4**).

ENTENBRUST
IN MISOMARINADE

Dass Ente auch ohne Knödel den Gaumen verzaubert, zeigen uns die Asiaten. Mit Misopaste verfeinert schmecken Fleisch und Gemüse würzig-aromatisch, ohne dabei dick aufzutragen.

1 ½ TL Misopaste
Salz
1 TL Agavendicksaft
4 Entenbrüste (à ca. 160 g)
1–2 Kohlrabi (ca. 300 g)
2 Möhren
1 Salatgurke
1 TL helle Sesamsamen
2 EL Erdnussöl

Für 4 Personen
30 Min. Zubereitung
3 Std. Marinieren
Pro Portion ca. 324 kcal, 26 g EW, 19 g F, 10 g KH

1 Für die Marinade 1 TL Misopaste mit 3 EL heißem Wasser in einem Schälchen verrühren. Je 1 TL Salz und Agavendicksaft gut unterrühren.

2 Die Entenbrüste waschen, trocken tupfen und von der Silberhaut befreien. Die Hautseite mit einem scharfen Messer leicht einritzen, dabei aber nicht bis ins Fleisch schneiden. Die Entenbrüste in ein verschließbares Gefäß legen und von allen Seiten mit der Marinade einreiben. Das Gefäß verschließen und die Entenbrüste 3 Std. im Kühlschrank ruhen lassen.

3 Den Backofen auf 170° vorheizen. Eine schwere, ofenfeste Pfanne erhitzen, die Entenbrüste auf der Hautseite in die Pfanne legen und ohne zusätzliches Fett in mindestens 2 Min. goldbraun braten, dann wenden, weitere 2 Min. braten und anschließend in der Pfanne auf mittlerer Schiene für 12 Min. auf dem Backofenrost in den heißen Ofen schieben.

4 Kohlrabi, Möhren und Gurke putzen und schälen. Die Gurke längs halbieren und die Kerne mit einem Löffel herauskratzen. Kohlrabi, Möhren und Gurke in gleich lange, nicht zu dünne Stifte schneiden.

5 Den Sesam in einer Pfanne ohne Fett leicht anrösten, bis er anfängt zu duften, dann auf einen Teller schütten und beiseitestellen.

6 In derselben Pfanne das Erdnussöl erhitzen und das Gemüse darin bei großer Hitze ca. 6 Min. anschwitzen. Nun das Gemüse mit 100 ml Wasser ablöschen, ½ TL Misopaste einrühren und den Pfanneninhalt weitere 4–5 Min. schmoren lassen. Das Gemüse mit Salz abschmecken.

7 Die Entenbrüste schräg in Scheiben schneiden und auf vier Tellern anrichten. Das Gemüse mit Sesam bestreut daneben platzieren.

KANINCHEN MIT SCHWARZEN OLIVEN UND VANILLE-TOMATEN

Low-Carb-Trick für Aromen-Kick: Die Tomaten werden hier nicht mit Zucker karamellisiert, sondern erhalten mit Vanille eine spannende Süße – für unbeschwerten Genuss!

2 Knoblauchzehen
1 weiße Zwiebel
1 kleines Stück frischer Ingwer
  (ca. 1 cm)
2 Stangen Staudensellerie
1 kleiner Zweig Rosmarin
knapp ½ Vanilleschote
4 EL Olivenöl
1 großes Kaninchen (ohne Kopf;
  ca. 1,6 kg; vom Händler in 8 Teile
  zerlegen lassen)
Salz
frisch gemahlener schwarzer Pfeffer
1 kleiner Schuss Noilly Prat
  (trockener Wermut; nach Belieben)
200 ml trockener Weißwein (ersatz-
  weise 200 ml Fond zusätzlich)
2 Lorbeerblätter
200 ml Hühnerfond (Glas)
500 g Cocktailtomaten
100 g schwarze Oliven

Für 4 Personen
35 Min. Zubereitung
35 Min. Schmoren
Pro Portion ca. 725 kcal, 68 g EW,
43 g F, 8 g KH

1 Die Knoblauchzehen und die Zwiebel schälen und hacken. Den Ingwer schälen und fein reiben. Die Selleriestangen putzen, entfädeln, waschen und quer in feine Scheibchen schneiden.

2 Rosmarin waschen und trocken schütteln. Die Nadeln abstreifen und fein hacken. Die Vanilleschotenhälfte aufschlitzen, das Mark gründlich herauskratzen und auf einem Tellerchen beiseitestellen.

3 Das Öl in einem großen Schmortopf erhitzen. Die Kaninchenteile waschen und trocken tupfen. Bauchlappen nach Belieben abschneiden. Kaninchenfleisch in zwei bis drei Portionen im heißen Öl jeweils bei mittlerer bis großer Hitze in ca. 5 Min. rundherum goldbraun anbraten, dann jeweils herausnehmen. Fleisch salzen und pfeffern und mit etwas Rosmarin bestreuen.

4 Knoblauch, Zwiebel, Ingwer und Sellerie mit übrigem Rosmarin in das Bratfett geben und 2–3 Min. darin unter Rühren bei mittlerer Hitze andünsten. Nach Belieben mit dem Wermut ablöschen. Gut die Hälfte des Weißweins dazugießen und ca. 5 Min. einkochen lassen.

5 Kaninchenteile und Lorbeer dazugeben. Den Hühnerfond angießen und die Kaninchenteile zugedeckt 30–35 Min. schmoren lassen, dabei nach und nach den übrigen Weißwein angießen, falls nötig, auch etwas Wasser. Die Teile während der Schmorzeit einmal umdrehen.

6 Inzwischen nach Belieben die Cocktailtomaten nur waschen oder in eine Schüssel geben, mit kochend heißem Wasser überbrühen, etwas darin ziehen lassen, kalt abschrecken und häuten.

7 Nach der Schmorzeit die Lorbeerblätter entfernen. Die Tomaten mit den Oliven in den Schmortopf geben, mit dem Vanillemark, Salz und etwas Pfeffer bestreuen und noch 5 Min. zugedeckt mitschmoren, dann sofort servieren.

TINTENFISCH-SPIRELLI
MIT PEPERONCINI

**Wer braucht schon Spaghetti all'arrabbiata, wenn Tinten-
fischstreifen in chilischarfem Tomatensugo mit Eiweiß
anstelle von Kohlenhydraten wunderbar satt machen?**

*4 große küchenfertig vorbereitete
   Kalmare (à ca. 250 g)*
2 Stangen Staudensellerie
2 Fleischtomaten
2 Frühlingszwiebeln
3 junge Knoblauchzehen
2 Stängel Petersilie
4 EL Olivenöl
3 getrocknete Peperoncini
Salz
frisch gemahlener Pfeffer
80 ml Weißwein
2 EL Wermut
*Olivenöl extra vergine zum
   Beträufeln*

Für 4 Personen
25 Min. Zubereitung
*Pro Portion ca. 305 kcal, 34 g EW,
12 g F, 10 g KH*

1 Die Kalmaretuben an einer Seite der Länge nach aufschneiden und aufklappen. Eventuell Reste des Innenlebens auskratzen und die Tuben längs in
ca. 2 mm dünne, lange Streifen schneiden. Die Köpfe putzen und halbieren.

2 Den Staudensellerie waschen, putzen, entfädeln und in feine Streifen
schneiden. Die Tomaten waschen und halbieren. Die Stielansätze und Kerne
entfernen und das Fruchtfleisch in kleine Würfel schneiden. Die Frühlingszwiebeln putzen, waschen, von sprödem Grün befreien und in Ringe schneiden. Den Knoblauch schälen und fein hacken. Die Petersilie waschen, trocken
schütteln, die Blättchen abzupfen und diese hacken.

3 Das Öl in einer Pfanne erhitzen, die Tintenfischstreifen zusammen mit dem
Knoblauch und dem Sellerie in die Pfanne geben und ca. 3 Min. bei großer
Hitze braten. Dann die Peperoncini zerkrümeln und dazugeben, alles salzen
und pfeffern. Die Tintenfischköpfe in die Pfanne geben.

4 Die Tintenfische mit Weißwein und Wermut ablöschen, die Tomatenstücke,
die Frühlingszwiebeln und die Petersilie dazugeben und den Pfanneninhalt
gut durchschwenken. Probieren, ob die Tintenfische schon weich genug sind,
wenn nicht, alles noch 1–2 Min. weitergaren.

5 Die Tintenfisch-Spirelli nochmals mit Salz und Pfeffer abschmecken, auf
vier Teller verteilen und mit gutem Olivenöl beträufelt servieren.

RESTEVERWERTUNG VOM FEINSTEN

*Kein Problem, wenn von den Tintenfisch-Spirelli etwas übrig bleibt. Ergänzen
Sie den Rest kalt mit Rucola und etwas Zitronensaft und fertig ist ein eiweiß-
reicher, pikanter Salat. Oder Sie planen clever voraus und bereiten gleich von
vornherein eine etwas üppigere Portion zu.*

SELLERIE- UND ZUCCHINI-SPAGHETTI ALLE VONGOLE

Sellerie und Zucchini verwickeln feine Herzmuscheln in eine mediterrane Liaison, die die klassische Spaghetti aus Hartweizengrieß beinahe eifersüchtig macht.

1 Knollensellerie
2 Zucchini
Salz
½ TL Zucker
1 Netz Herzmuscheln in der Schale
*   (ca. 1 kg)*
2 junge Knoblauchzehen
1 frische rote Chilischote
3 EL Olivenöl
2 EL Wermut
1 TL Maisstärke
50 ml Weißwein
4 Stängel Petersilie
frisch gemahlener Pfeffer

Für 4 Personen
30 Min. Zubereitung
Pro Portion ca. 170 kcal, 10 g EW,
8 g F, 10 g KH

1 Den Knollensellerie putzen und schälen. Die Zucchini putzen und waschen. Beide Gemüsesorten zuerst in lange, dünne Scheiben und anschließend in feine Spaghetti schneiden. Gemüsespaghetti in eine Schüssel geben, mit je ½ TL Salz und Zucker mischen und 3 Min. Wasser ziehen lassen.

2 Jetzt die Muscheln waschen und offene Muscheln aussortieren. Den Knoblauch schälen. Die Chilischote längs halbieren und entkernen. Chilihälften waschen und zusammen mit dem Knoblauch fein hacken.

3 Das Olivenöl in einer schweren Pfanne erhitzen und die Knoblauch-Chili-Mischung bei mittlerer Hitze ca. 3 Min. darin anschwitzen. Dann die Muscheln zugeben und mit dem Wermut ablöschen. Einen Deckel auf die Pfanne legen und die Muscheln ca. 2 Min. köcheln lassen.

4 Jetzt die Flüssigkeit der Gemüsespaghetti abgießen und die Spaghetti mit der Stärke bestäuben. Die Gemüsespaghetti zu den Muscheln in die Pfanne geben und den Pfanneninhalt 1 Min. gut durchschwenken.

5 Den Weißwein angießen. Die Petersilie waschen, trocken schütteln, die Blättchen abzupfen und diese grob hacken. Die Petersilie auf die Gemüsespaghetti alle vongole streuen und diese so lange bei mittlerer Hitze offen köcheln lassen, bis alle Flüssigkeit sämig reduziert ist.

6 Muscheln, die sich nicht geöffnet haben, aussortieren, dann die Spaghetti mit Salz und Pfeffer abschmecken, auf vier Teller verteilen und servieren.

FEINE MUSCHELVIELFALT

Es müssen keine Herzmuscheln sein, auch Teppich- und Miesmuscheln eignen sich hervorragend für dieses Gericht.

KOKOS-FISCH-CURRY MIT SHRIMPS, MANGO UND THAI-GREMOLATA

**Mit Fischfilet und Shrimps wirbeln reichlich Proteine im Wok.
Deshalb macht das Curry auch ohne Riesenportion Reis schön satt.
Und dank feuriger Gewürze auch »pepper-high«-glücklich.**

1 Bio-Limette
*500 g festes Fischfilet (z. B. Kabeljau,
  Rotbarsch oder Steinbeißer)*
*150 g gekochte und geschälte Shrimps
  oder Garnelen*
2–4 EL Sojasauce
frisch gemahlener schwarzer Pfeffer
1 kleines Bund Thai-Basilikum
*2 EL geröstete und gesalzene
  Erdnusskerne*
1–2 frische rote Chilischoten
*1 großes Stück frischer Ingwer
  (ca. 4 cm)*
1 Stängel Zitronengras
100 g Zuckerschoten
2–3 Stauden Mini-Pak-Choi (200 g)
*1 kleine gelbe Flugmango
  (ca. 300 g mit Stein)*
1 EL Öl
*1 Dose ungesüßte Kokosmilch
  (400 ml)*
1–3 EL gelbe Currypaste

Für 4 Personen
45 Min. Zubereitung
*Pro Portion ca. 440 kcal, 35 g EW,
25 g F, 18 g KH*

1 Die Limette heiß waschen und abtrocknen. Die Schale abreiben, den Saft auspressen. Die Fischfilets waschen, trocken tupfen und mit den Fingerspitzen auf Gräten untersuchen. Aufgespürte Gräten mit einer Pinzette herausziehen. Die Filets in mundgerechte Stücke schneiden und auf einen großen Teller geben. Garnelen separat danebenlegen. Fisch und Garnelen mit 1 EL Limettensaft sowie 1 EL Sojasauce beträufeln und pfeffern.

2 Für die Gremolata das Thai-Basilikum waschen und trocken schütteln. Blätter abzupfen und in Streifchen schneiden. Erdnüsse grob hacken. Chili putzen, längs halbieren, entkernen, waschen und fein würfeln. Thai-Basilikum, Erdnüsse, die Hälfte der Chiliwürfel und die Limettenschale mischen.

3 Ingwer schälen und fein reiben. Das Zitronengras waschen und von den äußeren Blättern befreien, den unteren Teil sehr fein würfeln.

4 Die Zuckerschoten waschen, putzen und schräg halbieren, eventuelle Fädchen abziehen. Die Pak-Choi-Stauden putzen und waschen. Weiße Stängel und grüne Blätter getrennt in schmale Streifen schneiden. Die Mango schälen, das Fruchtfleisch vom Stein schneiden und klein würfeln.

5 Das Öl in einer Pfanne oder in einem Wok erhitzen. Das Zitronengras, übrige Chiliwürfel und den Ingwer darin bei mittlerer bis großer Hitze unter Rühren 2–3 Min. anbraten. Von der Kokosmilch den dickeren Teil ablöffeln, in den Wok geben und aufkochen. Je nach gewünschter Schärfe 1–3 EL Currypaste einrühren und ca. 1 Min. mitkochen. Die restliche Kokosmilch dazugießen, aufkochen und nach Belieben sämiger einkochen lassen.

6 Die Zuckerschoten und die weißen Pak-Choi-Streifen einrühren und alles knapp 1 Min. kochen lassen. Die Hitze reduzieren, die Fischstücke einrühren und bei kleiner Hitze in ca. 4 Min. knapp gar ziehen lassen, anschließend Garnelen, grüne Pak-Choi-Streifen und die Mangowürfel unterrühren und alle drei Zutaten noch ca. 1 Min. im Curry miterhitzen.

7 Das Curry mit Sojasauce und Limettensaft abschmecken, auf vier tiefe Teller verteilen, mit der Thai-Gremolata bestreuen und sofort servieren.

GEFÜLLTE TINTENFISCHTUBEN MIT KORIANDER-LIMETTEN-PESTO

Chicken meets Octopus: Calamari werden zum Low-Carb-Verpackungskünstler für zartes Hähnchenfleisch. Und wenn sich die Sonne blicken lässt, dann schnell den Grill anwerfen und die Tintenfischtuben auf dem heißen Rost zubereiten.

FÜR DAS PESTO:
1 kleines Bund Koriandergrün
½ Bio-Limette
1 Stück frischer Ingwer (ca. 2 cm)
½ gelbe Chilischote
1 TL Fischsauce
1 TL eingelegter grüner Pfeffer
½ TL gemahlener Koriander
4–6 EL neutrales Öl | Salz
frisch gemahlener grüner Pfeffer

FÜR DIE TINTENFISCHTUBEN:
4 sehr große weiße frische Tinten-
* fischtuben ohne Haut (Calamari;*
* 14–15 cm lang; vom Fischhändler*
* küchenfertig vorbereiten lassen;*
* siehe Tipp)*
Salz | 180 g Hähnchenbrustfilet
40 ml cremig gerührte ungesüßte
* Kokosmilch*
1 TL Fisch- oder Sojasauce
2 Frühlingszwiebeln
1 Stange Staudensellerie
1 Stück frischer Ingwer (ca. 2 cm)
frisch gemahlener schwarzer Pfeffer
reichlich Öl zum Braten
½ TL Speisestärke

AUSSERDEM:
4 Zahnstocher zum Verschließen

Für 4 Personen
35 Min. Zubereitung | 15 Min. Garen
Pro Portion ca. 450 kcal, 46 g EW,
25 g F, 8 g KH

1 Für das Pesto den Koriander waschen und trocken schütteln, die Blättchen abzupfen. Die Limettenhälfte waschen und abtrocknen. Die Schale abreiben und den Saft auspressen. Den Ingwer schälen und fein reiben. Das Chilistück waschen, entkernen und in feine Streifchen schneiden.

2 Koriander und Ingwer mit 1 EL Limettensaft, Fischsauce, eingelegtem Pfeffer, gemahlenem Koriander und 4 EL Öl in einen hohen Becher geben. Alles mit dem Pürierstab pürieren, evtl. noch etwas Öl dazugeben. Die Chilistreifen unterrühren und das Pesto mit Limettenschale, Salz und Pfeffer abschmecken.

3 Bei den Tintenfischtuben eventuelle Häute entfernen, dann die Tuben waschen und trocken tupfen. Innen und außen leicht salzen.

4 Den Backofen auf 200° erhitzen. Das Hähnchenfleisch in sehr feine Scheibchen schneiden. Die Hälfte der Scheibchen mit einem großen schweren Messer in feine Würfel schneiden, die übrige Hälfte sehr fein hacken und mit der Kokosmilch und der Fisch- oder Sojasauce mischen oder in der Küchenmaschine oder mit dem Pürierstab mit der Kokosmilch und der Fisch- oder Sojasauce zu einer feinen Farce zerkleinern. Anschließend die Farce und die Hähnchenwürfelchen gründlich miteinander mischen.

5 Die Frühlingszwiebeln putzen und waschen. Die Selleriestange putzen, entfädeln und waschen. Beides sehr fein hacken und unter das Hähnchenfleisch mischen. Ingwer schälen und dazureiben.

6 Die Masse mit Pfeffer und Salz würzen und mit einem kleinen Löffel oder einem Spritzbeutel in die Tintenfischtuben geben, dann die Öffnung jeweils mit 1 Zahnstocher verschließen. Die Tuben sollten nicht prall gefüllt sein.

7 Reichlich Öl zum Braten in einer Pfanne erhitzen. Die gefüllten Tintenfischtuben darin bei sehr großer Hitze auf jeder Seite 1–2 Min. scharf anbraten, sodass sie goldbraune Farbe annehmen. Dann die gefüllten Tuben in eine ofenfeste Form geben und mit 1–2 EL Bratöl übergießen. Die Speisestärke mit einem kleinen Sieb hauchdünn darüberstäuben.

8 Calamari im heißen Ofen (Mitte) ca. 15 Min. backen, herausnehmen, nach Belieben in dickere Scheiben schneiden und mit dem Pesto servieren.

GROSSARTIG!

Hier brauchen Sie unbedingt große Tintenfischtuben. Kleinere lassen sich nur mühsam füllen, und Sie bräuchten außerdem leicht die 5- bis 6-fache Menge.

GRÜNE VARIANTEN

Koriandergrün schmeckt Ihnen zu intensiv? Dann machen Sie doch das Pesto mit Thai-Basilikum. Die grünen Blätter mit dem rötlichen Stängel harmonieren gut mit Ingwer, Chili und Fischsauce. Und glatte Petersilie passt ebenfalls gut, Sie können dann jeweils dem Pesto auch mit ein paar Blättchen Koriandergrün einen kleinen Hauch Koriander verpassen.

SKREI AUF FENCHELKRAUT
MIT WAKAME

Fast schon ein Surf & Turf: Kabeljau de luxe, die leicht rauchige Specknote und dazu in Fenchel eingelegte Algen. Ein kräftiger Chardonnay dazu macht dieses Gericht rund und begeistert Ihre Gäste.

2 Fenchelknollen
Salz
Zucker
3 EL Weißweinessig
1 Zweig Rosmarin
2 Zweige Thymian
½ TL Fenchelsamen
½ TL Koriandersamen
800 g Skreifilets mit Haut
4 dünne Scheiben Lardo
2 EL Olivenöl
1 EL Noilly Prat (trockener Wermut)
1 TL Butter
100 g Wakame-Algen

Für 4 Personen
30 Min. Zubereitung
1 Std. Ruhen
Pro Portion ca. 355 kcal, 38 g EW,
17 g F, 6 g KH

1 Den Fenchel waschen, halbieren, vom Strunk befreien, längs in feine Streifen hobeln und in einem Bräter mit je 1 EL Salz und Zucker sowie dem Essig vermischen. Rosmarin und Thymian waschen und trocken schütteln.

2 Je 1 Zweig Rosmarin und Thymian mit den Fenchel- und Koriandersamen unter den Fenchel im Bräter mischen. Den Fenchel 1 Std. ziehen lassen. Nach 45 Min. Ziehzeit den Backofen auf 180° vorheizen. Dann den Fenchel im heißen Ofen (Mitte) ca. 20 Min. backen.

3 Inzwischen den Skrei waschen, trocken tupfen und in vier Stücke schneiden. Skreistücke salzen und auf der Hautseite mit dem Lardo belegen.

4 In einer Pfanne das Öl erhitzen und den Fisch mit der Hautseite nach unten bei großer Hitze ca. 2 Min. anbraten, wenden und in ca. 6 Min. fertig braten. Übrigen Thymianzweig zum Skrei in die Pfanne geben, den Noilly Prat und die Butter dazugeben und diese schmelzen lassen. Den Fisch in der Pfanne mit der Noilly-Prat-Butter mithilfe eines Löffels gleichmäßig übergießen.

5 Das Fenchelkraut aus dem Ofen nehmen und die Wakame-Algen untermischen, sodass diese Temperatur annehmen. Rosmarin und Thymian entfernen.

6 Die Fenchel-Algen-Mischung auf vier Teller verteilen, den Fisch darauf anrichten und mit etwas Noilly-Prat-Butter beträufelt servieren.

KRAUT
DIE FITNESSBOMBE

Sauerkraut ist supergesund, meist kommt es aber in sehr klassischen Kombinationen mit Bratwürstchen oder Gulasch zum Einsatz. Lecker, aber auf Dauer langweilig.

Haben Sie z. B. schon gewusst, dass auch Jacobsmuscheln zum Sauerkraut hervorragend schmecken? Doch nicht nur das traditionelle Sauerkraut macht Spaß. Kraut muss nicht aus Weißkohl sein. Unsere Küche kennt das Rübenkraut aus der Steckrübe, das Rotkraut, köstliches Selleriekraut und Fenchelkraut. Auch Krautsalate kommen mal deftig-pikant, mal süß-fruchtig in dutzenden Variationen auf den Teller.

Aber eins ist allen gleich: Kraut ist sehr gesund, enthält viele wichtige Vitamine und hält uns dann fit, wenn die meisten Gemüse- und Obstsorten gerade keine Saison haben. Fermentiert als Sauerkraut oder Kimchi zum Fleisch oder Fisch ist ein gut abgeschmecktes Kraut immer eine außergewöhnliche Beilage vom Feinsten.

Den langwierigen Fermentierungsprozess muss man nicht unbedingt abwarten, mit einer simplen Kaltgarung (Schnellfermentierung) erhält man ebenso ein wunderbares Kraut.

Am besten ist es, wenn Sie den ganzen Krautkopf auf einmal verarbeiten, denn das fermentierte Kraut hält im Kühlschrank einige Tage. Sie können den Fermentierungsprozess auch ganz einfach stoppen, indem Sie die Lake abgießen und das Kraut kurz durchspülen. In einem gut verschlossenem Glas kann man es im Kühlschrank lagern und später wieder neu verarbeiten. Ganz toll sieht es aus, wenn zum Beispiel geriebene Möhre oder Rote-Bete das Kraut mit einem schönen Farbtupfer und zusätzlichem Aroma ergänzen!

Für Kimchi für 4 Personen brauchen Sie:
- 1 weißen Rettich
- 1 Chinakohl
- 150 g Salz
- 1 Stück frischen Ingwer (ca. 5 cm)
- 3 EL Chiliflocken
- 2 Knoblauchzehen
- 1 EL Muscovadozucker

Zubereitungs- und Ruhezeit:
- Zubereitung: 35 Min.
- Ruhezeit: 7 Tage

GEMÜSE VORBEREITEN

Rettich schälen und in feine Strei-
fen schneiden. Vom Chinakohl den
Strunk abschneiden und die Blät-
ter in grobe Streifen schneiden.

FERMENTIEREN

Chinakohlblätter mit den
Rettichstreifen und dem Salz gut
vermischen und in einer Schüssel
einschichten. Einen Teller auf die
oberste Schicht legen und diesen
mit einem Stein beschweren.

RUHEN LASSEN

Die Schüssel 3 Tage kühl und
dunkel gelagert stehen lassen.

KRAUT SPÜLEN

Das Kraut in ein Sieb geben,
gut unter kaltem Wasser
abspülen und ausdrücken.

WÜRZEN

Ingwer schälen und reiben. Knoblauch
schälen und fein hacken. Kraut mit
Chiliflocken, Knoblauch, Ingwer
und dem Zucker vermischen und in
einem Glas 4 Tage kühl stellen, dann
ist es verzehrbereit. Kühl gelagert
hält sich Kimchi 3–4 Wochen.

GEBACKENER ZANDER UND ROTE-BETE-NUDELN
MIT PARMESAN-CRUNCH

Süßliche Rote Bete und salziger Parmesan bieten hier einen
Gegensatz, der sich im Mund magisch anzieht. Getoppt wird das
Ganze mit kräuterwürzig gebackenem Zander aus dem Ofen.

FÜR DEN ZANDER:
2 Stängel Petersilie
2 EL Olivenöl
Salz
abgeriebene Schale von 1 Bio-Zitrone
1 ausgenommener und geschuppter
Zander (ca. 1,2 kg)

FÜR DEN PARMESAN-CRUNCH:
100 g Parmesan
2 EL Panko (japanische Panade)

FÜR DIE ROTE-BETE-NUDELN:
500 g Rote Bete
Salz
1 EL Obstessig
3 Zweige Thymian
2 Stängel Estragon
2 EL Olivenöl
½ TL frisch geriebener Meerrettich

Für 4 Personen
40 Min. Zubereitung
45 Min. Backen
Pro Portion ca. 495 kcal, 69 g EW,
19 g F, 12 g KH

1 Den Backofen auf 175° vorheizen. Für den Zander die Petersilie waschen, trocken schütteln und die Blättchen abzupfen. Petersilienblättchen mit 2 EL Olivenöl, Salz und der Zitronenschale in einen hohen Rührbecher geben und mit dem Pürierstab grob pürieren.

2 Für den Parmesan-Crunch den Parmesan reiben, mit dem Panko auf einem mit Backpapier belegten Backblech mischen, verteilen und im heißen Ofen (Mitte) in ca. 7 Min. goldbraun backen. Die Panko-Parmesan-Platte aus dem Ofen nehmen und abkühlen lassen.

3 Den Zander waschen, trocken tupfen und in der Bauchhöhle und außen mit der Kräuterpaste einreiben. Den Zander auf ein mit Backpapier belegtes Backblech legen und im heißen Ofen (Mitte) ca. 45 Min. backen.

4 Etwa 15 Min. vor Ende der Garzeit des Fischs die Roten Beten schälen und mit einem Julienneschneider rundum feine, nudelartige Streifen abschneiden. Die Rote-Bete-Nudeln in eine Schale geben, leicht salzen und mit dem Essig marinieren. Thymian und Estragon waschen, trocken schütteln, die Blättchen abzupfen und diese mit dem Olivenöl unter die Roten Beten heben. Eine Pfanne erhitzen und die Nudeln samt der Marinade darin 4 Min. lang erhitzen. Zum Schluss den Meerrettich einrühren.

5 Den Parmesan-Crunch in Stücke brechen. Den Zander aus dem Ofen holen und vorsichtig filetieren, indem man zuerst mit einem scharfen Messer den Rücken entlang schneidet und dann die Filets von den Gräten klappt. Zanderfilets und Rote-Bete-Nudeln auf vier Tellern anrichten. Die Nudeln mit dem Parmesan-Crunch bestreuen und das Gericht sofort servieren.

PANKO

Die japanische Panade Panko wird aus Weißbrot hergestellt und ist grobkörniger als die bei uns gerne verwendeten klassischen Semmelbrösel. Sie wird beim Backen superknusprig. Panko bekommen Sie in jedem Asienladen.

SAIBLING MIT ARTISCHOCKENKRUSTE AUF SAUERKRAUT UND APFEL

Die Kombination von Sauerkraut mit Apfel ist ein Klassiker. Modernen Aromawind bringt hier aber der Saibling rein, der im Artischocken-Schuppenkleid durch die Pfanne schwimmt.

600 g frisches Sauerkraut
50 ml Apfelsaft
50 ml Weißwein (z. B. Gewürz-
*   traminer)*
4 Wacholderbeeren
4 Saiblingfilets (à ca. 180 g)
2 Stängel Petersilie
4 frische Artischockenböden
3 EL Butter
Salz
4 Äpfel (z. B. Gala, Braeburn)
2 EL Rapsöl

Für 4 Personen
40 Min. Zubereitung
Pro Portion ca. 365 kcal, 34 g EW,
16 g F, 17 g KH

1 Sauerkraut mit Apfelsaft, Weißwein und Wacholderbeeren in einen Topf geben, aufkochen und bei mittlerer Hitze zugedeckt ca. 15 Min. köcheln lassen.

2 Inzwischen die Saiblingfilets waschen, abtrocknen und mit den Fingerspitzen auf Gräten abtasten. Aufgespürte Gräten mit einer Pinzette entfernen. Die Filets nach Belieben quer halbieren und bis zur Verarbeitung kühlen.

3 Die Petersilie waschen, trocken schütteln, die Blättchen abzupfen und diese in einen hohen Rührbecher geben. Die Artischockenböden in feine Scheiben schneiden. Die Anschnitte mit 1 EL Butter zur Petersilie geben und die Zutaten mit dem Pürierstab fein pürieren. Die Paste mit Salz abschmecken.

4 Die Äpfel schälen, entkernen und in Spalten schneiden. 1 EL Butter in einer Pfanne zerlassen und die Apfelspalten darin bei mittlerer Hitze ca. 8 Min. anschwitzen, dabei leicht mit Salz würzen.

5 Inzwischen die Saiblingfilets auf der Hautseite mit der Artischockenpaste bestreichen und schuppenartig überlappend mit den Artischockenscheiben belegen. Das Öl in einer Pfanne erhitzen und die Saiblingfilets darin mit der Artischockenseite nach unten bei großer Hitze in ca. 4 Min. knusprig anbraten. Dann die Filets wenden, übrige Butter mit etwas Salz in die Pfanne geben und aufschäumen lassen. Die Filets in 2 Min. fertig braten.

6 Das Sauerkraut auf vier Tellern mittig platzieren, die Apfelspalten dazu drapieren, darauf die Saiblingfilets setzen und servieren.

GEDÄMPFTER LACHS MIT SCHMORGEMÜSE UND GRÜNTEESCHAUM

Mehr crossover geht gar nicht. Wenn Norwegen, Norddeutschland und Asien auf einem Teller zusammentreffen, könnte man zunächst mit etwas mehr Schwierigkeiten in Sachen Völkerverständigung rechnen.

2 Bio-Navetten
1 Bio-Salatgurke
2 EL Rapsöl
Salz
3 EL Estragonessig
50 ml Apfelsaft
600 g Lachsfilet ohne Haut
1 EL scharfer Senf
1 TL Meerrettich (Glas)
frisch gemahlener Pfeffer
1 EL Naturjoghurt
2 EL saure Sahne
1 TL Matchateepulver

Für 4 Personen
25 Min. Zubereitung
Pro Portion ca. 440 kcal, 32 g EW,
29 g F, 13 g KH

1 Die Navetten und die Gurke waschen, putzen, nach Belieben schälen und in Scheiben oder Spalten schneiden. Das Öl in einer Pfanne erhitzen und das Gemüse darin bei großer Hitze ca. 4 Min. anschwitzen, dabei leicht salzen. Das Gemüse mit Essig und Apfelsaft ablöschen und ca. 10 Min. schmoren lassen.

2 Den Lachs waschen, abtrocknen und salzen. In einen Topf etwa einen Fingerbreit Wasser füllen und einen passenden Dämpfeinsatz hineinstellen. Das Wasser erhitzen, den Lachs in den Dämpfeinsatz legen und zugedeckt bei großer Hitze ca. 4 Min. dämpfen. Dann den Topf von der heißen Herdplatte ziehen und den Lachs im Dämpfeinsatz ruhen lassen.

3 Das Schmorgemüse mit Senf, Meerrettich, Salz und Pfeffer abschmecken.

4 Den Joghurt und die saure Sahne mit dem Matchateepulver in eine Schüssel geben und mit den Quirlen des Handrührgeräts schaumig aufschlagen.

5 Gemüse und Lachs auf vier Tellern anrichten. Den Grünteeschaum auf den Lachs träufeln und das Gericht sofort servieren.

WENN EINEN DIE NUDEL-SEHNSUCHT ÜBERMANNT, ...

… dann kann man die Schmorgurken auch mit Konjak-Nudeln genießen. Die finden Sie mittlerweile in allen großen Supermärkten, im Asienladen auch als Shirataki-Nudeln. Die weißen »Spaghetti« oder »Fettuccine«, die in Flüssigkeit schwimmen und nur kurz erhitzt werden müssen, enthalten weder Kohlenhydrate noch Fett, kaum Kalorien, leider aber auch nur wenig Geschmack. Deshalb die aus dem Mehl der Konjakwurzel und einer chemischen Zutat namens Calciumhydroxid gefertigten Nudeln nicht mit Hartweizenpasta vergleichen! Sie sind ein anderes Lebensmittel mit eigener Konsistenz, allerdings eine Option für alle, die sich auch die Lammhaxerl (Seite 94), Wildgeschnetzeltes (Seite 96) oder den gedämpften Lachs nicht ohne Nudelbeilage vorstellen können. Hier die Nudeln einfach in einem Sieb abspülen und im Schmorgemüse erhitzen.

GEBRATENER LACHS
AUF CIMA DI RAPA UND SAFRAN-MAYO

Der wilde Brokkoli aus Italien ist mittlerweile überall auf den Märkten zu bekommen und er ist um einiges interessanter als sein braver Bruder.

FÜR DIE MAYONNAISE:
1 Msp. gemahlener Safran
1 Spritzer Estragonessig
1 sehr frisches Eigelb
½ TL Dijonsenf
Salz
4 EL Rapsöl

FÜR DAS GEMÜSE:
1 Bund Cima di Rapa
3 junge Knoblauchzehen
3 EL Olivenöl
4 in Salz eingelegte Sardellen
60 ml trockener Weißwein

FÜR DEN LACHS:
600 g Lachsfilets mit Haut
2 EL Rapsöl

Für 4 Personen
25 Min. Zubereitung
Pro Portion ca. 520 kcal, 34 g EW, 39 g F, 8 g KH

1 Für die Mayonnaise in einer kleinen Schüssel den Safran im Estragonessig auflösen. Das Eigelb mit dem Dijonsenf und 1 Prise Salz zum Safran-Essig-Gemisch geben und mit einem Dressing- oder Schneebesen verrühren.

2 Das Rapsöl unter ständigem Weiterschlagen in einem feinen, dünnen Strahl dazugeben, bis eine sämige Mayonnaise entstanden ist. Diese anschließend bis zum Anrichten abgedeckt im Kühlschrank lagern.

3 Den Cima di Rapa waschen und nur in grobe Stücke schneiden. Den Knoblauch schälen und fein hacken.

4 Das Olivenöl in einer Pfanne erhitzen und die Sardellen mit dem Knoblauch darin bei mittlerer Hitze in ca. 3 Min. schmelzen. Den Cima di Rapa dazugeben und ca. 2 Min. braten, dann mit dem Weißwein ablöschen und bei mittlerer Hitze offen ca. 5 Min. schmoren lassen.

5 Inzwischen die Lachsfilets kalt abspülen, mit Küchenpapier sehr gut trocken tupfen und leicht mit Salz würzen.

6 Öl in einer Pfanne erhitzen und den Lachs auf der Hautseite bei großer Hitze in ca. 2 Min. knusprig anbraten, wenden und 4 Min. weiterbraten.

7 Den Lachs mit dem Cima di Rapa auf vier Tellern anrichten, jeweils gut 1 EL Mayonnaise neben den Lachs geben und das Gericht sofort servieren.

FISCH-INVOLTINI MIT ZUCCHINI UND TOMATEN-PFIRSICH-RELISH

Kaum Kohlenhydrate, aber reichlich Geschmack: So leicht kann's gehen, wenn sich zarte Fischfilets mit sonnengereiftem Gartengemüse zusammentun – unser Low-Carb-Liebling im Hochsommer!

2 schmale Zucchini
5–6 EL Olivenöl
Salz
frisch gemahlener schwarzer Pfeffer
1 kleine Bio-Zitrone
2 Knoblauchzehen
8 dünne Fischfilets (à ca. 120 g;
z. B. Scholle, Seezunge)
3 EL frisch geriebener Pecorino
1 feste reife Ochsenherztomate
1 Weinbergpfirsich
2–3 Frühlingszwiebeln
1 kleines Bund Petersilie
1 gelbe Chilischote
½ TL Agavendicksaft

AUSSERDEM:
8 Holzzahnstocher
Öl für die Form

Für 4 Personen
40 Min. Zubereitung
Pro Portion ca. 385 kcal, 46 g EW,
19 g F, 7 g KH

1 Den Backofen auf 180° vorheizen. Die Zucchini waschen, putzen und längs mit dem Sparschäler in bandnudelbreite Streifen schneiden. Zucchinistreifen in einer großen beschichteten Pfanne portionsweise in je 1 EL Öl ca. 30 Sek. auf jeder Seite braten, dann herausnehmen und ganz leicht salzen und pfeffern.

2 Zitrone waschen und abtrocknen, gut 1 EL Schale abreiben, knapp 1 EL Saft auspressen und beiseitestellen. Knoblauch schälen und sehr fein hacken.

3 Die Fischfilets waschen, trocken tupfen und mit den Fingerspitzen auf Gräten untersuchen. Aufgespürte Gräten mit einer Pinzette herausziehen. Die Fischfilets mit der glänzenden Seite nach oben auf die Arbeitsfläche legen. Kräftig salzen, pfeffern und mit Knoblauch, Zitronenschale und dem geriebenen Käse bestreuen. Filets mit 1–2 Zucchinistreifen belegen und aufrollen. 1 Zucchinistreifen als »Gürtel« drum herum rollen.

4 Involtini mit Zahnstochern fixieren und in eine geölte ofenfeste Form legen. Die Form mit einem Deckel oder mit Alufolie verschließen und die Involtini im heißen Ofen (Mitte) ca. 20 Min. garen.

5 Inzwischen für das Relish die Tomate waschen und in winzige Würfelchen schneiden. Den Pfirsich kurz in kochendes Wasser tauchen, eiskalt abschrecken und häuten. Fruchtfleisch vom Stein schneiden und sehr fein würfeln.

6 Die Frühlingszwiebeln putzen, waschen und mit dem zarten Grün ebenfalls fein würfeln. Die Petersilie waschen und trocken schütteln. Die Blättchen abzupfen und hacken. Gut 1 EL zum Garnieren beiseitestellen. Die Chili putzen, längs halbieren und entkernen. Chilihälften waschen und fein würfeln.

7 Zitronensaft mit Salz, Pfeffer und dem Agavendicksaft verrühren, dann knapp 2 EL Öl unterschlagen. Dressing mit Petersilie, Tomatenwürfeln, Pfirsich, Frühlingszwiebeln und Chili vermischen.

8 Die Involtini aus dem Ofen nehmen, auf Teller verteilen, mit beiseitegestellten Kräutern bestreuen und mit dem Relish anrichten.

DORADE AUS DEM OFEN
MIT GEMÜSE-CURRY

Sinnenfroher Indientrip: Curryblätter und Limette verpassen den Doraden
zitronig-frischen und leicht rauchigen Geschmack. Duftende Gewürze
verwandeln simples Gartengemüse in einen raffinierten Begleiter.

FÜR DIE DORADEN:

3 Bio-Limetten
10–14 Stängel frische Curry-
  blätter (Asienladen; ersatzweise
  1 Handvoll getrocknete Blätter)
2 kleine Knoblauchzehen
1 Stück frischer Ingwer (ca. 2 cm)
2 EL neutrales Öl
grobes Meersalz
grob gemahlener schwarzer Pfeffer
4 kleine Doraden (à 300–350 g,
  vom Fischhändler schuppen und
  küchenfertig vorbereiten lassen)

FÜR DAS GEMÜSE-CURRY:

1 Stück frischer Ingwer (ca. 2 cm)
2 Knoblauchzehen
200 g feine grüne Bohnen
4–6 zarte Bundmöhren
1 kleiner Blumenkohl (ca. 500 g)
200 g Cocktailtomaten
2 EL neutrales Öl oder Ghee
½ TL braune Senfsamen
½ TL Kreuzkümmelsamen
je 1 kräftige Prise Kurkumapulver
  und Piment d'Espelette
frisch gemahlener schwarzer Pfeffer
Salz
2 EL Kokos-Chips zum Bestreuen
Öl für die Form

Für 4 Personen
1 Std. 15 Min. Zubereitung
Pro Portion ca. 525 kcal, 73 g EW,
20 g F, 11 g KH

1 Für die Doraden die Limetten waschen und abtrocknen. Die Schale von 1 Limette abreiben, die Limette dann auspressen. Die übrigen Limetten halbieren und von jeder Hälfte je 2 Scheiben, insgesamt 8 Scheiben, abschneiden. Restliche Limettenhälften ebenfalls auspressen.

2 Die frischen Curryblätter waschen und trocken schütteln. Blätter von 2 größeren Stängeln abzupfen. Knoblauch und Ingwer schälen und zusammen mit den abgezupften Blättern sehr fein hacken. Das Öl und je 1 TL Limettenschale, Meersalz und Pfeffer untermischen.

3 Die Doraden waschen, trocken tupfen und mit insgesamt 2 EL Limettensaft innen und außen beträufeln und mit der Curryblatt-Salz-Mischung außen bestreichen. Je 2 Limettenscheiben und 2–3 Curryblattstängel in die Bauchhöhlen der Fische geben. Doraden in eine geölte große Form oder Fettpfanne legen und beiseitestellen. Den Backofen auf 200° vorheizen.

4 Für das Gemüse-Curry Ingwer und Knoblauch schälen und fein hacken. Die grünen Bohnen waschen, putzen und halbieren oder dritteln. Die Möhren schälen, putzen und schräg in Scheiben schneiden. Den Blumenkohl waschen, putzen und in sehr kleine Röschen teilen. Tomaten waschen und halbieren.

5 Für das Curry Öl oder Ghee in einer Pfanne erhitzen, Ingwer und Knoblauch darin bei kleiner Hitze andünsten. Senfsamen und Kreuzkümmel dazugeben und kurz anrösten. Bohnen, Möhren und Blumenkohlröschen dazugeben, Kurkuma, Piment d'Espelette und Pfeffer darüberstäuben, das Gemüse salzen und in der Pfanne mischen. 300 ml Wasser angießen und aufkochen.

6 Die Doraden in den heißen Ofen (Mitte) geben und je nach Größe 12–14 Min. garen, anschließend den Backofengrill dazuschalten und die Doraden in 2–4 Min. leicht bräunen lassen.

7 Währenddessen das Gemüse zugedeckt in 10–14 Min. nicht zu weich köcheln lassen, dann die Cocktailtomaten dazugeben und kurz miterhitzen. Kokos-Chips über das Curry geben. Die Doraden aus dem Ofen nehmen und mit dem Gemüse auf vier Tellern angerichtet servieren.

DAZU PASST: GURKEN-MINZ-RAÏTA

Für den indischen Dip-Klassiker 1 Bio-Minigurke waschen, längs vierteln, entkernen und in feine Scheibchen schneiden. 2 Stängel Minze waschen, trocken schütteln und hacken. Gurke und Minze mit 1 EL Öl, 200 g Naturjoghurt und 1 TL gerösteten braunen Senfsamen verrühren. Die Raïta mit 1–2 TL Limettensaft, Salz und Pfeffer kräftig abschmecken.

VEGETARISCHES

Wer sagt, dass nur Nudeln glücklich machen? Unsere vegetarischen Highlights beweisen, dass auch Low Carb vom Feinsten unsere Sinne schnell in Hochstimmung versetzen kann – wenn Kräuter und Gewürze uns mit mediterranem Charme oder Exotik erfreuen, wenn cremiger Käse unserem Gaumen schmeichelt und Radicchio und Romanesco uns mit einem Hotshot grünem Pfeffer pushen. So entführen uns Ratatouille, Safran-Gemüse-Tajine und Schwarzkohl in rotem Curry ganz schnell und mit Leichtigkeit in herrlich genussreiche Glücks-Regionen. Lassen Sie sich zu einem Ausflug einladen!

SAFRAN-GEMÜSE-TAJINE
MIT WALNUSSJOGHURT

Ein vegetarisches Low-Corb-Highlight aus der Wunderwelt der orientalischen
Küche: Joghurt, Kichererbsen und Nüsse sorgen für Eiweiß, farbenfrohes
Gemüse für jede Menge Vitamine, Safran, Zimt und Chili für gute Laune.

FÜR DAS GEMÜSE:
1 Döschen Safranfäden (0,1 g)
1 grüne Chilischote
1 Knoblauchzehe
1 große rote Zwiebel
150 g Pastinaken
2 große rote Spitzpaprikaschoten
2 kleine Fenchelknollen
1 kleiner Kopf Romanesco (ca. 350 g)
8 zarte Bundmöhren
2 EL Olivenöl
1 Dose Kichererbsen (Abtropf-
   gewicht ca. 265 g)
1 kleine Ceylon-Zimtstange
je ½ TL gemahlener Kreuzkümmel,
   Koriander und Paprikapulver
Salz
2 EL Zitronensaft

FÜR DEN NUSSJOGHURT:
100 g Walnusskerne
2 EL Zitronensaft
1 EL Olivenöl
300 g Joghurt
½ kleines Bund Petersilie
Salz
frisch gemahlener schwarzer Pfeffer

Für 4 Personen
35 Min. Zubereitung
30 Min. Garen
Pro Portion ca. 420 kcal, 14 g EW,
28 g F, 27 g KH

1 Die Safranfäden mit 125 ml kochendem Wasser übergießen und etwas auflösen lassen. Die Chilischote putzen, längs halbieren und entkernen. Chilihälften waschen und in feinste Streifen schneiden. Den Knoblauch schälen
und hacken. Den Backofen auf 180° vorheizen.

2 Die Zwiebel schälen und längs in Spalten schneiden. Die Pastinaken putzen,
schälen und in ca. 1 cm große Würfel schneiden. Die Spitzpaprika der Länge
nach halbieren, putzen, waschen und in Stücke schneiden.

3 Die Fenchelknollen waschen, putzen, längs vierteln und jeweils den Strunk
entfernen. Fenchelviertel quer in dickere Streifen schneiden. Den Romanesco
waschen, die Röschen vom Strunk schneiden. Den Strunk nach Belieben
schälen und sehr fein würfeln. Die Bundmöhren schälen und – je nach Dicke –
ganz lassen, längs halbieren oder vierteln.

4 Das Olivenöl in einer Tajineform oder in einer ofenfesten Pfanne mit
Deckel erhitzen. Die Möhren dazugeben und bei kleiner Hitze unter Rühren
ca. 3 Min. andünsten, dann herausnehmen.

5 Das übrige vorbereitete Gemüse mit dem Knoblauch und den Chilistreifen
in das heiße Öl geben und bei kleiner Hitze unter Rühren ca. 3 Min. andünsten. Die Kichererbsen in ein Sieb abgießen und mit der Zimtstange unter das
Gemüse rühren, dann alles mit Kreuzkümmel, Koriander und Paprikapulver
bestreuen und kräftig mit Salz würzen.

6 Das Safranwasser mit dem Zitronensaft mischen und dazugießen. Das
Gemüse sternförmig mit den Möhren belegen und zugedeckt im heißen Ofen
(Mitte) ca. 30 Min. garen. Es sollte nicht zu weich werden.

7 Für den Nussjoghurt die Walnüsse grob hacken, 2 EL beiseitelegen, den
Rest mit Zitronensaft, Öl und etwas Joghurt pürieren. Die Petersilie waschen
und trocken schütteln. Die Blättchen abzupfen, fein hacken und mit dem übrigen Joghurt unter die Walnuss-Mischung rühren. Den Joghurt mit Salz und
Pfeffer abschmecken und mit den gehackten Nüssen bestreuen. Die Tajine aus
dem Ofen nehmen und mit dem Joghurt servieren.

ZIEGENKÄSE »BRÛLÉE«
MIT RATATOUILLE UND SCHWARZEN OLIVEN

Attention! Hier werden Sie ganz schnell in Südfrankreichs sonnenverwöhnte Gärten entführt. Schnippeln, Schmoren und Gratinieren – das dauert nicht mal ein Stündchen. Und schon fliegen die Gedanken in die Provence.

FÜR DIE RATATOUILLE:

1 große weiße Zwiebel
2 Knoblauchzehen
je 3–4 Zweige Rosmarin und
  Thymian
½ Bund Petersilie
1 große Aubergine
2 Zucchini
je 1 rote und gelbe Paprikaschote
6 vollreife Strauchtomaten
6 EL Olivenöl
100 g schwarze Oliven
1 Schuss trockener Rotwein
  (nach Belieben)
Salz
½ TL Akazienhonig
Piment d'Espelette oder frisch
  gemahlener schwarzer Pfeffer
Aceto balsamico zum Garnieren
  (nach Belieben)

FÜR DEN ZIEGENKÄSE:

400 g Ziegenkäserolle (ca. 8 cm lang)
4 TL Akazienhonig
4 kleine Zweige Thymian
½ TL Piment d'Espelette (ersatz-
  weise Chilischrot)

Für 4 Personen
45 Min. Zubereitung
Pro Portion ca. 645 kcal, 19 g EW,
54 g F, 21 g KH

1 Für die Ratatouille die Zwiebel und den Knoblauch schälen und fein hacken. Die Kräuter waschen und trocken schütteln. Ein paar Blättchen abzupfen und beiseitelegen. Kräuterzweige mit Küchengarn zusammenbinden.

2 Für den Ziegenkäse die Rolle in 4 Scheiben teilen und die Scheiben auf ein mit Backpapier belegtes Backblech setzen.

3 Die Aubergine und die Zucchini waschen, putzen und jeweils in 1 cm große Würfel schneiden. Die Paprikaschoten längs halbieren, putzen, waschen und in kleine Karos (in Größe der Zucchiniwürfel) schneiden.

4 Die Tomaten mit kochendem Wasser überbrühen, häuten und halbieren. Kerne und Stielansätze entfernen. Das Tomatenfruchtfleisch würfeln.

5 Den Backofen auf 200° vorheizen. 4 EL Öl in einem Schmortopf erhitzen. Die Auberginenwürfel darin bei großer Hitze ca. 5 Min. unter Rühren braten. Zwiebelwürfel, Knoblauch, Zucchiniwürfel und Paprikastücke mit dem restlichen Öl dazugeben und 1–2 Min. mitbraten.

6 Dann die Tomaten, das Kräutersträußchen, die Oliven und 1 kleinen Schuss Rotwein nach Belieben zur Ratatouille geben. Alles leicht salzen und zugedeckt in ca. 15 Min. bissfest schmoren lassen, falls nötig ab und zu umrühren.

7 Nach gut 5 Min. Gemüse-Schmorzeit die Ziegenkäsescheiben mit je 1 TL Honig bepinseln und im heißen Ofen (Mitte) ca. 5 Min. erhitzen und innen weich werden lassen. Dann den Backofengrill dazuschalten. Das Backblech auf die obere Schiene schieben, den Ziegenkäse mit je 1 Thymianzweig belegen und unter den heißen Grillschlangen ca. 3 Min. gratinieren, dann herausnehmen und mit etwas Piment d'Espelette bestreuen.

8 Ratatouille evtl. offen noch etwas einkochen lassen, dann mit Salz, Honig und Piment d'Espelette oder Pfeffer abschmecken und mit dem Ziegenkäse und den abgezupften Kräuterblättchen servieren. Ratatouille nach Belieben noch ganz leicht mit Aceto beträufeln oder die Teller damit garnieren.

GEBACKENER BLUMENKOHL
MIT PANKO-PECORINO-KRUSTE

Wenn sich ein ganzer Blumenkohl in einen kräuterwürzigen Knuspermantel hüllt, stehen die Zeichen auf Genuss. Die japanische Panade liefert zwar auch Kohlenhydrate, doch in Kombination mit dem Eiweiß aus Käse und Joghurt bleibt alles im Low-Carb-Rahmen.

1 Blumenkohl (ca. 1 kg)
Salz
2 Zweige Thymian
3 Stängel Petersilie
1 Frühlingszwiebel
1 frische rote Chilischote
½ TL gemahlener Kreuzkümmel
3 EL Olivenöl
60 g Pecorino
100 g Panko (japanische Panade)
2 EL Sesamsamen
1 Zitrone
1 Bund Schnittlauch
200 g Naturjoghurt

Für 2–4 Personen
25 Min. Zubereitung
45 Min. Backen
Pro Portion (bei 4) ca. 325 kcal,
14 g EW, 19 g F, 23 g KH

1 Vom Blumenkohl die grünen Blätter abschneiden. In einem großen Topf 2 l Wasser zum Kochen bringen, salzen und den Blumenkohl im Ganzen darin bei mittlerer Hitze zugedeckt 10 Min. kochen lassen.

2 Inzwischen den Backofen auf 175° vorheizen. Thymian und Petersilie waschen, trocken schütteln und die Blättchen abzupfen. Die Frühlingszwiebel putzen, waschen und in Ringe schneiden. Die Chilischote längs halbieren und entkernen. Die Chilihälften waschen und fein würfeln.

3 Kräuterblättchen und Frühlingszwiebelringe mit Chili, Kreuzkümmel und dem Olivenöl in den Mixer geben und zu einer homogenen Paste pürieren.

4 Den Pecorino reiben. Den Blumenkohl in ein Sieb abgießen, abtropfen lassen und in eine Auflaufform (ca. 20 × 30 cm) legen. Den Blumenkohl mit der Kräuterpaste einstreichen, großzügig mit Panko, Sesam und Pecorino bestreuen und im heißen Ofen (Mitte) ca. 45 Min. backen.

5 Inzwischen für den Dip die Zitrone auspressen. Den Schnittlauch waschen, trocken schütteln und in feine Röllchen schneiden. Den Joghurt mit dem Schnittlauch, etwas Salz und dem Zitronensaft verrühren.

6 Den Blumenkohl aus dem Ofen holen, in zwei bzw. vier Teile schneiden, auf Tellern platzieren und mit dem Schnittlauchjoghurt servieren.

KNUSPERSTREUSEL ON TOP

Die Menge für die Panko-Kruste ist recht üppig geplant. Es kann also gut sein, dass ein Teil davon vom Blumenkohl abrutscht. Das ist aber gar nicht weiter schlimm. Im Ofen werden die überschüssigen Brösel zu knusprigen Streuseln, die Sie ebenfalls noch zum Blumenkohl servieren können. Wen das stört, der reduziert einfach die Krustenzutaten um die Hälfte.

SPARGEL
MIT KRÄUTERFRISCHER HOLLANDAISE

Da schmeckt uns der Frühling einfach gut! Weil unser Lieblingsgemüse so kalorienarm ist, darf die Hollandaise ruhig üppiger ausfallen. Und sie wird ganz unkompliziert ohne Wasserbad zubereitet.

FÜR DEN SPARGEL:

2 kg weißer Spargel
(am besten dickere Stangen)
1 TL Salz, 1 TL Zucker, 1 EL Zitronensaft und 1 EL Butter zum Aromatisieren des Wassers

FÜR DIE HOLLANDAISE:

1 Handvoll Kerbel
je 2 Stängel Petersilie und Zitronenmelisse
170 g Butter
50 g zimmerwarmer Sahnejoghurt
knapp 1 EL Dijonsenf
3 Eigelb
Salz
Piment d'Espelette
1 TL Zitronensaft

Für 4 Personen
45 Min. Zubereitung
Pro Portion ca. 425 kcal, 8 g EW, 39 g F, 11 g KH

1 Reichlich Wasser in einem breiten Topf oder hohen Spargelkochtopf aufkochen. Währenddessen die Spargelstangen waschen. Holzige Enden großzügig wegschneiden. Die Stangen sorgfältig schälen.

2 Für die Sauce die Kerbelblättchen verlesen und in einem Sieb waschen. Petersilie und Zitronenmelisse waschen und trocken schütteln. Blättchen abzupfen und zusammen mit den Kerbelblättchen fein hacken. Beiseitestellen.

3 Die Butter in einem Topf schmelzen und aufkochen. Den Sahnejoghurt mit dem Senf und den Eigelben in einen hohen Becher geben.

4 Das sprudelnd kochende Wasser mit Salz, Zucker, Zitronensaft und Butter würzen. Die Spargelstangen hineingeben und darin – je nach Dicke und gewünschter Bissfestigkeit – 10–16 Min. garen.

5 Inzwischen die kochende Butter vom Herd ziehen. Die weiße Molkeschicht ablöffeln oder sich setzen lassen. Joghurt, Senf und Eigelbe mit 1 kräftigen Prise Salz mit dem Pürierstab verrühren. Die heiße Butter tropfenweise und sehr langsam dazugeben und mit dem Pürierstab unterrühren, bis eine cremige Sauce entstanden ist. Klein geschnittene Kräuter unterrühren. Sauce mit Salz, Piment d'Espelette und Zitronensaft abschmecken.

6 Den Spargel in ein Sieb abgießen, 1–2 EL Garflüssigkeit unter die Hollandaise rühren. Den Spargel sofort mit der Sauce servieren.

FÜR NOCH MEHR AROMA …

… zunächst die Spargelabschnitte und -schalen in reichlich gewürztem Wasser 10–15 Min. kochen, dann abgießen und dabei den Sud auffangen. Den Sud in einem breiten Topf erneut aufkochen und die Stangen dann darin garen.

AUBERGINEN-ZUCCHINI-LASAGNE MIT LINSENBOLOGNESE

Eine Variation von Lasagne und Parmigiana, das Gemüse ersetzt die Nudeln komplett. Und die Linsenbolognese hat das Zeug zur Low-Carb-Lieblingspastasauce.

100 g Tellerlinsen
1 Zwiebel
1 Knoblauchzehe
2 EL Olivenöl
1 Dose Tomaten (200 g Inhalt)
Salz
100 g Parmesan
2 Zucchini (ca. 300 g)
1 Aubergine (ca. 300 g)
frisch gemahlener Pfeffer
1 EL getrockneter Oregano
2 EL Sherryessig

Für 4 Personen
20 Min. Zubereitung
30 Min. Garen
30 Min. Backen
Pro Portion ca. 245 kcal, 17 g EW, 12 g F, 15 g KH

1 Die Linsen in einem Topf mit Wasser bedecken, aufkochen und in ca. 15 Min. zugedeckt bei mittlerer Hitze weich kochen. Anschließend die Linsen in ein Sieb abgießen und abtropfen lassen.

2 Die Zwiebel und den Knoblauch schälen und in feine Würfel schneiden. Das Olivenöl in einem Topf erhitzen und Zwiebel und Knoblauch darin bei mittlerer Hitze ca. 3 Min. anschwitzen. Die Dosentomaten zugeben und mit einem Kochlöffel zerdrücken. Die Linsen unterrühren, die Bolognese leicht salzen, aufkochen und bei mittlerer Hitze offen ca. 15 Min. köcheln lassen.

3 Den Backofen auf 175° vorheizen. Den Parmesan fein reiben. Die Zucchini und die Aubergine putzen, waschen, abtrocknen und anschließend längs in ca. 3 mm dünne Scheiben schneiden.

4 Den Boden einer ofenfesten Form (ca. 20 × 30 cm) im Wechsel mit Auberginen- und Zucchinischeiben auslegen, dann einen Teil der Sauce darauf verteilen. Gemüse und Sauce einschichten, bis alles aufgebraucht ist, dabei jede Lage mit Salz, Pfeffer, Oregano und Essig würzen. Mit Zucchini und Aubergine abschließen und die Lasagne mit dem Parmesan bestreuen.

5 Die Lasagne im heißen Ofen (Mitte) ca. 30 Min. backen, bis der Käse geschmolzen und leicht gebräunt ist. Die Lasagne in vier Stücke schneiden, diese auf vier Tellern platzieren und servieren.

EIN BISSCHEN GRÜN DAZU GEFÄLLIG?

Dazu passt ein grüner Salat mit Zitronen-Orangen-Dressing. Dafür 1 Kopfsalat zerpflücken, in mundgerechte Stücke zupfen, waschen und trocken schleudern. Aus dem Saft 1 Zitrone, 1 TL abgeriebener Bio-Orangenschale, 3 EL Olivenöl, Salz und ½ TL Honigsenf ein Dressing rühren. Salat und Dressing in einer Salatschüssel mischen und als Low-Carb-Beilage zur Lasagne servieren.

QUINOA MIT STEINPILZEN UND PARMESAN

Zugegeben: Die Superkörnchen aus Südamerika enthalten neben hochwertigem Eiweiß auch reichlich Kohlenhydrate. Doch werden sie mit heimischen Pilzen und italienischem Käse so geschickt kombiniert, dass grenzenlosem Low-Carb-Glück nichts im Weg steht.

5 g getrocknete Steinpilze
500–600 ml Gemüsebrühe
200 g Lauch
1 Stange Staudensellerie
1 Knoblauchzehe
1 große vollreife Fleischtomate
4 Zweige Zitronenthymian
160 g Quinoa
3 EL Olivenöl
1 kleiner Schuss trockener Weißwein
   (nach Belieben)
400 g frische Steinpilze (ersatzweise gemischte Zuchtpilze,
   z. B. Egerlinge und kleine
   Kräuterseitlinge)
Salz
frisch gemahlener Pfeffer
50 g Mascarpone
frisch geriebene Muskatnuss
30 g Parmesan

Für 4 Personen
40 Min. Zubereitung
Pro Portion ca. 340 kcal, 15 g EW,
18 g F, 26 g KH

1 Die getrockneten Pilze im Blitzhacker oder Mörser fein vermahlen und mit Brühe übergießen. Den Lauch putzen, längs halbieren, gründlich waschen und fein würfeln. Die Selleriestange putzen, entfädeln, waschen und fein würfeln. Den Knoblauch schälen und fein hacken.

2 Die Tomate mit kochendem Wasser überbrühen, häuten und halbieren. Kerne und Stielansatz entfernen. Das Tomatenfruchtfleisch würfeln. Thymian waschen und trocken schütteln. Die Blättchen von den Zweigen abstreifen.

3 Die Quinoakörnchen in ein feines Sieb geben und mit heißem Wasser abbrausen. Anschließend die Quinoa abtropfen lassen.

4 1 EL Olivenöl in einer Pfanne erhitzen. Lauch, Staudensellerie und die Hälfte des Knoblauchs darin unter Rühren ca. 2 Min. andünsten. Die Quinoa ca. 1 Min. mitdünsten. Den Weißwein dazugießen und unter Rühren verdampfen lassen. Dann 500 ml Steinpilzbrühe unterrühren. Alles aufkochen und gut 10 Min. offen bei kleiner Hitze köcheln lassen.

5 Inzwischen die frischen Pilze mit einem feuchten Tuch abreiben. Schadhafte Stellen wegschneiden. Die Hälfte der Pilze je nach Größe halbieren oder vierteln und beiseitelegen, den Rest klein würfeln.

6 In einer zweiten Pfanne 1 EL Öl erhitzen. Die fein gewürfelten Pilze darin ca. 1 Min. bei großer Hitze unter Rühren anbraten, dann unter die Quinoa-Mischung rühren und noch ca. 10 Min. mitgaren, falls nötig, noch etwas Brühe angießen. Ca. 5 Min. vor Ende der Garzeit die Tomatenwürfel unter die Quinoa-Mischung rühren. Gleichzeitig die beiseitegelegten Pilze im restlichen Öl bei großer Hitze ca. 3 Min. braten. Übrigen Knoblauch und knapp die Hälfte der Thymianblättchen kurz mitbraten. Die Pilze salzen und pfeffern.

7 Mascarpone und fast allen Thymian unter die Quinoa-Mischung rühren. Alles erhitzen, mit Salz, Pfeffer und Muskat abschmecken und auf vier tiefe Teller verteilen. Die gebratenen Pilze darauf anrichten und den Parmesan in Spänen darüberhobeln. Mit etwas Thymian bestreut servieren.

ROMANESCO AUF RADICCHIO IN PFEFFERRAHM

Zartes Lila und helles Grün ist eine Farbkombination, die dem Auge schmeichelt. Ihr Gaumen dagegen wird die Verbindung von scharf, bitter, cremig und crunchig lieben.

1 Romanesco (ca. 600 g)
Salz
1 EL Butter
1 Zweig Rosmarin
2 kleine Köpfe Radicchio
100 g Champignons
40 g Pinienkerne
2 EL Rapsöl
100 g Crème fraîche
50 ml Weißwein
1 TL eingelegter grüner Pfeffer

Für 2 Personen
30 Min. Zubereitung
Pro Portion ca. 555 kcal, 13 g EW, 48 g F, 14 g KH

1 Den Romanesco putzen, waschen und in Röschen teilen. Einen Fingerbreit Wasser in einen Topf füllen. Einen passenden Dämpfeinsatz in den Topf stellen und das Wasser erhitzen. Den Romanesco in den Dämpfeinsatz geben und 10 Min. zugedeckt bei großer Hitze dämpfen. Den Romanesco im Topf leicht salzen, mit Butterflöckchen belegen und warm halten.

2 Den Rosmarin waschen und gut trocken tupfen. Radicchio vierteln, von den harten Strünken in der Mitte befreien und in Streifen schneiden. Die Radicchiostreifen waschen und trocken schleudern. Die Champignons feucht abreiben, die Schnittstellen abschneiden und die Pilze in Scheiben schneiden.

3 Die Pinienkerne in einer tiefen Pfanne bei mittlerer Hitze ohne Fett rösten. Dann aus der Pfanne auf einen Teller schütten und beiseitestellen.

4 Das Öl in der Pfanne erhitzen und die Pilze darin bei großer Hitze ca. 4 Min. anbraten. Den Rosmarinzweig mit in die Pfanne legen. Radicchio dazugeben und alles zusammen noch 2 Min. weiterbraten.

5 Dann die Crème fraîche und den Weißwein unterrühren und das Pilz-Radicchio-Gemüse mit Salz abschmecken. Zum Schluss den grünen Pfeffer zugeben und untermischen. Rosmarinzweig entfernen.

6 Radicchio auf zwei Teller verteilen, die Romanescoröschen daraufsetzen und mit den gerösteten Pinienkernen bestreuen.

ROTES SCHWARZKOHL-CURRY MIT FRITTIERTEM TOFU

Wer ganz junge, zarte Kohlblätter ergattert, kann sie auch samt der Blattrippen verwenden. Bei größeren Exemplaren, sollten Sie diese entfernen.

1 kg Schwarzkohl
2 EL Erdnussöl
1 EL rote Currypaste
400 ml Kokosmilch
Salz
200 g Tofu
2 EL Sojasauce
Saft von 1 Zitrone
1 EL Erdnussbutter

AUSSERDEM:
100 ml Erdnussöl zum Frittieren

Für 4 Personen
20 Min. Zubereitung
1 Std. Garen
Pro Portion ca. 415 kcal, 11 g EW, 35 g F, 15 g KH

1 Den Schwarzkohl gründlich waschen, trocken schütteln, dicke Blattrippen entfernen und die Blätter in feine Streifen schneiden. In einem Wok oder einer schweren Pfanne 2 EL Erdnussöl erhitzen und den Schwarzkohl darin in 4 Min. scharf anbraten. Die Currypaste zugeben und ca. 30 Sek. mitbraten. Die Kokosmilch angießen, aufkochen und den Kohl bei mittlerer Hitze ca. 1 Std. köcheln lassen. Falls das Curry zu dick wird, noch etwas Wasser zugießen.

2 Nach 30 Min. Currygarzeit in einem Topf Wasser aufkochen und salzen. Den Tofu in ca. 1 cm große Würfel schneiden, im kochenden Salzwasser 10 Min. blanchieren, in ein Sieb abgießen und abtropfen lassen. 1 EL Sojasauce und den Zitronensaft verrühren, den Tofu damit rundum bestreichen und anschließend 10 Min. zum Marinieren ruhen lassen.

3 In einem weiten Topf das Erdnussöl zum Frittieren stark erhitzen. Wenn an einem ins Fett gehaltenen Holzkochlöffelstiel Bläschen aufsteigen, ist das Fett heiß genug. Den Tofu ins Fett geben und in 3–4 Min. goldbraun frittieren. Die knusprigen Tofuwürfel mit einem Schaumlöffel aus dem Fett heben, auf Küchenpapier geben und abtropfen lassen, bis das Curry fertig ist.

4 Die Erdnussbutter unter den Schwarzkohl rühren, diesen noch einmal mit der übrigen Sojasauce abschmecken und auf vier Teller verteilen. Den Tofu darauf anrichten und das Curry sofort servieren.

GERADE GRÜNKOHLSAISON?

Von Oktober bis März ist frischer Grünkohl auf dem Markt. Und auch er macht sich ganz wunderbar in diesem Curry. Wer also Lust hat, die sogenannte friesische Palme mal anders in Szene zu setzen, als sie mit Pinkelwürsten zu servieren, der sollte ihn unbedingt mal mit Kokosmilch, roter Currypaste und frittierten Tofuwürfeln bekannt machen.

GEFÜLLTE RONDINI MIT FETA
UND CASHEWKERNEN

Die kugeligen Verwandten der Zucchini haben nur einen dezenten Eigengeschmack. Deshalb peppen wir die eiweißreiche Füllung mit orientalischen Aromen und einem Tick Schärfe auf. Und uns beim Genießen ebenfalls!

4 Rondini (runde Zucchini; möglichst
*   gleich groß à ca. 300 g)*
1 TL Zitronensaft
Salz
frisch gemahlener schwarzer Pfeffer
2 Knoblauchzehen
1 dicke weiße Zwiebel
1 frische rote Chilischote
2 rote Spitzpaprikaschoten (ca. 200 g)
40 g Cashewkerne
3 EL Olivenöl
½ Bund Oregano
je ½ TL gemahlener Kreuzkümmel
*   und Koriander*
rosenscharfes Paprikapulver
*   (nach Belieben)*
1 Dose stückige Tomaten (400 g)
40 ml Gemüsebrühe
½ TL flüssiger Honig
200 g Schafskäse (Feta)

Für 4 Personen
30 Min. Zubereitung
30–35 Min. Backen
Pro Portion ca. 325 kcal, 15 g EW,
22 g F, 15 g KH

1 Die Rondini waschen und trocken tupfen. 1–2 cm unterhalb des Stiels einen »Deckel« abschneiden. Mit einem scharfkantigen Löffel oder einem kleinen Messer die Rondini und den »Deckel« bis auf einen knapp 1 cm breiten Rand aushöhlen. Die ausgehöhlten Rondini mit etwas Zitronensaft bepinseln, damit sie sich nicht verfärben und leicht salzen und pfeffern. Das herausgeschnittene oder -geschabte Fruchtfleisch klein würfeln.

2 Knoblauch und Zwiebel schälen und klein würfeln. Die Chili putzen, längs halbieren und entkernen. Chilihälften waschen und fein hacken. Die Spitzpaprikaschoten längs halbieren, putzen, waschen und würfeln.

3 Den Backofen auf 200° vorheizen. Eine Pfanne ohne Fett erhitzen. Die Cashewkerne grob hacken und kurz ohne Fett goldbraun anrösten, dann aus der Pfanne auf einen Teller schütten und beiseitestellen.

4 1 EL Olivenöl in der Pfanne erhitzen. Knoblauch, Zwiebelwürfel und Chili darin bei mittlerer Hitze ca. 3 Min. andünsten. Das Rondinifruchtfleisch und die Paprikastücke dazugeben und bei größerer Hitze 3–4 Min. unter Rühren braten, dann alles in eine Schüssel geben.

5 Den Oregano waschen und trocken schütteln. Die Blättchen abzupfen, bis auf einen kleinen Rest fein hacken und zur Gemüsemischung geben. Die Rondini-Füllung mit Salz, Pfeffer, Kreuzkümmel, Koriander und nach Belieben auch mit Paprikapulver kräftig würzen und abschmecken.

6 Eine ofenfeste Form dünn mit Öl auspinseln. Die stückigen Tomaten mit 2 EL Gemüsemischung, Gemüsebrühe und Honig in die Form geben.

7 Den Feta zur übrigen Gemüsemischung krümeln und mit den Cashewkernen untermischen. Mischung in die ausgehöhlten Rondini geben. Die Rondini in die Form setzen, mit übrigem Öl beträufeln. Die »Deckel« zunächst danebenlegen. Rondini im heißen Ofen (Mitte) in 30–35 Min. fertig garen, dabei nach ca. 20 Min. oder wenn die Füllung zu dunkel wird, die »Deckel« aufsetzen. Rondini herausnehmen und mit übrigem Oregano bestreut servieren.

GEBRATENER ROSENKOHL
MIT LINSEN

Rosenkohl muss weder muffig noch langweilig sein. Die Linsen und die getrockneten Tomaten unterstützen sein volles Aroma. So zaubern Sie mit minimalem Aufwand maximalen Geschmack auf den Teller.

6 getrocknete Tomaten
1 EL Rosinen
60 ml Weißwein
Salz
400 g Rosenkohl
150 g Berglinsen
4 EL Rapsöl
1 EL Honig (nach Belieben)
1 TL frisch geriebener Meerrettich
1 EL Aceto balsamico
frisch gemahlener Pfeffer

Für 4 Personen
30 Min. Zubereitung
Pro Portion ca. 260 kcal, 14 g EW,
11 g F, 20 g KH

1 Die getrockneten Tomaten in Streifen schneiden, mit den Rosinen in ein Schälchen geben und im Weißwein einweichen.

2 Reichlich Salzwasser zum Kochen bringen. Den Rosenkohl putzen und im Salzwasser zugedeckt bei mittlerer Hitze in ca. 12 Min. bissfest kochen, dann abgießen und etwas abkühlen lassen.

3 Gleichzeitig die Berglinsen in einem Topf mit Wasser gut bedecken, aufkochen und in ca. 15 Min. bei kleiner bis mittlerer Hitze zugedeckt weich kochen. Rosinen und Tomaten durch ein Sieb abgießen, den Weißwein auffangen.

4 In einer tiefen Pfanne das Öl erhitzen und den Rosenkohl darin bei großer Hitze in 4 Min. scharf anbraten, leicht salzen. Dann die Tomaten und Rosinen zugeben und 1 Min. mit durchschwenken. Den Pfanneninhalt mit dem Weißwein ablöschen und die Linsen untermischen.

5 Das Gemüse nach Belieben mit Honig, dem Meerrettich, Aceto balsamico, Salz und Pfeffer abschmecken, auf vier Teller verteilen und servieren.

FRISCHE-KICK

Anstatt den Rosenkohl im Salzwasser vorzugaren, können Sie die einzelnen Röschen auch komplett aufblättern, 3 Min. in Öl anbraten und dann ablöschen. So schmeckt der Rosenkohl sogar noch frischer!

AGLIO OLIO MIT MÖNCHSBART UND SCHWARZWURZELN

Zwei außergewöhnliche Gemüse in ihrer besten Form.
Mönchsbart und Schwarzwurzeln sind saisonale Frühstarter
und bringen willkommene Abwechslung nach dem Winter.

600 g Schwarzwurzeln
2 EL Weißweinessig
Salz
1 Bund Mönchsbart
2 junge Knoblauchzehen
2 getrocknete Peperoncini
1 Bio-Zitrone
80 g Pecorino
3 EL Olivenöl
frisch gemahlener schwarzer Pfeffer

Für 4 Personen
30 Min. Zubereitung
Pro Portion ca. 175 kcal, 6 g EW,
15 g F, 4 g KH

1 Die Schwarzwurzeln waschen und schälen, dabei unbedingt Haushaltshandschuhe tragen, da die Wurzeln einen klebrigen Saft absondern.

2 Dann in einer ausreichend großen Schüssel Wasser mit dem Essig mischen. Von den geschälten Schwarzwurzeln mit einem Sparschäler längs tagliatelleartige Streifen abschneiden und diese in das Essigwasser legen. Sie sollten vollständig mit dem Wasser bedeckt sein.

3 In einem Topf reichlich Wasser zum Kochen bringen, dann salzen und die Schwarzwurzel-Tagliatelle darin 1 Min. blanchieren. Die fertigen Schwarzwurzel-Nudeln in ein Sieb abgießen und abtropfen lassen.

4 Den Mönchsbart waschen und die Wurzeln abschneiden. Den Knoblauch schälen und fein hacken. Die Peperoncini im Mörser zerstoßen oder mit den Händen zerbröseln (Handschuhe tragen!). Die Zitrone heiß waschen, abtrocknen, die Schale abreiben und den Saft auspressen. Den Pecorino fein reiben.

5 In einer großen Pfanne das Olivenöl erhitzen und den Mönchsbart darin mit dem Knoblauch und den Peperoncini bei mittlerer Hitze ca. 2 Min. anbraten. Die Schwarzwurzeln sowie Zitronensaft und -schale zugeben und in 5 Min. fertig garen. Das Gemüse mit Salz und Pfeffer abschmecken.

6 Die Schwarzwurzel-Mönchsbart-Pasta auf vier Teller verteilen, mit dem geriebenen Pecorino bestreuen und sofort servieren.

ZIMTWÜRZIGES GEMÜSE
MIT RACLETTE UND WALNÜSSEN

2 größere Köpfe Radicchio
(à ca. 200 g) | 2 kleine Stangen
Staudensellerie | 1 feste Birne | Salz
frisch gemahlener Pfeffer | Zimtpulver
3 EL Walnusskerne | 1 Schuss trocke-
ner Weißwein (ersatzweise Wasser)
4 Scheiben Raclette-Käse (à 50–60 g)
Öl für die Form

Für 4 Personen
30 Min. Zubereitung
Pro Portion ca. 290 kcal, 16 g EW,
22 g F, 7 g KH

1 Den Backofen auf 200° vorheizen. Eine ofenfeste Form (z. B. Quicheform) mit Öl auspinseln. Äußere Blätter vom Radicchio entfernen. Radicchio halbieren und in 2–3 cm breite Spalten schneiden. Bei den Spalten den Strunk so wegschneiden, dass die Blätter jeweils noch ein wenig zusammenhängen. Die Spalten nebeneinander in die Form legen.

2 Die Selleriestangen putzen, entfädeln, waschen und sehr klein würfeln oder raspeln. Die Birne vierteln, schälen und die Kerngehäuse entfernen. Anschließend die Birnenviertel in Würfel schneiden.

3 Die Selleriestückchen und Birnenwürfel über die Radicchiospalten streuen. Alles mit Salz und Pfeffer würzen und mit 1 Prise Zimtpulver bestreuen. Die Walnusskerne mit einem scharfen, schweren Messer grob hacken.

4 Den Schuss Weißwein seitlich zum Gemüse gießen und den Raclettekäse auflegen. Alles im heißen Ofen ca. 15 Min. überbacken, dabei nach ca. 10 Min. die Nüsse aufstreuen. Anschließend das Ofengemüse kurz ruhen lassen und mit schwarzem Pfeffer übermahlen servieren.

KLEINE LAUCH-GRATINS

1 Reichlich Wasser aufkochen und salzen. Inzwischen die Lauchstangen putzen und in ca. 2 cm breite Stücke schneiden. Die Stücke in einem Sieb gründlich waschen. Sie sollen kompakt bleiben, nicht in einzelne Ringe zerfallen.

2 Den Backofen auf 180° vorheizen. Die Förmchen mit Butter ausstreichen. Die Lauchstücke im kochenden Salzwasser 3–4 Min. blanchieren, in das Sieb abgießen, eiskalt abschrecken und abtropfen lassen. Anschließend den Lauch »stehend« in die gebutterten Förmchen geben.

3 Sahne und Senf mit Salz und Muskat verrühren. Den Käse dazureiben. Die Käsemischung über den Lauch in den Förmchen geben.

4 Die Lauch-Gratins im heißen Backofen (Mitte) ca. 20 Min. überbacken und leicht bräunen lassen. Aus dem Ofen nehmen und servieren.

KÄSE-VARIANTEN

Die würzig-süßlichen Aromen des Lauchs vertragen gut kräftige Käsesorten als Sparringspartner. Anstelle des Comté können Sie die Gratins auch mit Bergkäse oder Gruyère überbacken. Etwas milder wird die Käsekruste mit Taleggio.

Salz
4 kurze, dicke Stangen Lauch
  (am besten ohne dunkelgrünen Teil;
    à 130–140 g)
100 g Sahne
1 EL körniger Senf
frisch gemahlene Muskatnuss
100 g Comté-Käse

AUSSERDEM:
4 flache ofenfeste Förmchen mit
  11–12 cm Ø
Butter für die Förmchen

Für 4 Personen
15 Min. Zubereitung
20 Min. Überbacken
Pro Portion ca. 215 kcal, 11 g EW,
17 g F, 5 g KH

DESSERTS

können auch Low Carb! Und zwar am liebsten leicht, locker und wunderbar aromatisch. Quietschsüßer Nachtisch war gestern. Weißzucker? Langweilig! Hier bringen Vanille und Tonkabohne, Safran und Kardamom spannendere Nuancen ins süße Spiel. Rote und grüne Grütze, limettenfrische Mascarponecreme, Obstsalat und knuspriger Krokant sorgen für reizvolle Kontraste. Freuen Sie sich über raffinierte Ideen, die selbst Süßschnäbel überzeugen – unbeschwert und mit lässiger Coolness. Lassen Sie sich überraschen!

MANDEL-PANCAKES
MIT HEIDELBEEREN

Nicht nur als Dessert ein Traum! Diese Pancakes sind genauso ein fantastisches Low-Carb-Frühstück, das Sie bis zum Mittag satt, energiegeladen und dank des Lezithins aus den Eiern auch stressresistenter durch einen anstrengenden Bürovormittag bringt.

100 g Heidelbeeren
3 Eier
2 EL Kartoffelstärke
1 EL Muscovadozucker
150 g gemahlene Mandeln
½ Päckchen Backpulver
100 ml Milch

AUSSERDEM:
Öl zum Ausbacken

Für 4 Personen
25 Min. Zubereitung
Pro Portion ca. 240 kcal, 10 g EW, 19 g F, 9 g KH

1 Die Heidelbeeren verlesen, waschen und vorsichtig abtrocknen.

2 Die Eier trennen und die Eiweiße steif schlagen. Dann in einer anderen Schüssel Eigelbe, Stärke, Zucker, Mandeln, Backpulver und Milch zu einem sämigen Teig verrühren. Jetzt den Eischnee vorsichtig unterheben.

3 In einer beschichteten Pfanne 2 EL Öl erhitzen und mit einem Schöpflöffel drei kleine Pancakes in die Pfanne geben. Sofort ein paar Heidelbeeren auf dem noch flüssigen Teig verteilen. Die Pancakes 2 Min. bei mittlerer Hitze backen, dann wenden und in 2 Min. fertig backen.

4 Die fertigen Pancakes auf dem Rost im auf 90° vorgeheizten Ofen warm halten. Nach und nach auf die gleiche Art und Weise aus dem restlichen Teig noch mehr Pancakes backen, bis Teig und Beeren aufgebraucht sind.

5 Die fertigen Pancakes auf vier Tellern anrichten und servieren.

TOPPING-TIPP

Für ein beerenstarkes Topping mit Eiweiß-Booster ein Drittel der Beeren nicht in den Pancakes verbacken, sondern beiseitestellen. 200 g griechischen Joghurt mit 1 TL Waldhonig verrühren und die beiseitegestellten Beeren unterheben.

OBSTSALAT
MIT ZITRONENMELISSEPESTO

Tuttifrutti im Dessertschälchen verbreitet Urlaubsstimmung an lauen Sommerabenden. Für tolle Optik und Frische-Kick sorgen die Geleestückchen und das Zitronenmelissepesto. Am besten schmeckt der Obstsalat übrigens eisgekühlt.

1 Kokosnuss
200 g Ananas
1 kleine Mango (ca. 150 g Fruchtfleisch)
1 Kiwi
2 Orangen
10 Erdbeeren
2 EL Holunderblütensirup
3 Blatt Gelatine
4 Stängel Zitronenmelisse
50 g Cashewkerne
10 g Rohrohrzucker

Für 4–6 Personen
20 Min. Zubereitung
30 Min. Kühlen
Pro Portion (bei 6) ca. 250 kcal,
5 g EW, 16 g F, 21 g KH

1 Die Kokosnuss öffnen, indem man mit einem schweren Messerrücken fest auf die drei »Augen« der Nuss schlägt, dabei das Kokoswasser auffangen. Das Fruchtfleisch herauslösen und von der braunen Haut befreien. Dann das Kokosfleisch in der Küchenmaschine oder auf der Gemüsereibe raspeln, zum Kokoswasser geben und gut vermischen.

2 Ananas, Mango und Kiwi schälen. Die Ananas vom Strunk befreien und das Mangofruchtfleisch vom Stein schneiden. Ananas, Mango und die Kiwi würfeln. Von den Orangen die Schalen mit einem scharfen Messer dick bis ins Fruchtfleisch abschneiden und die Filets zwischen den Trennhäutchen herauslösen. Die Erdbeeren putzen, waschen, würfeln und zusammen mit dem übrigen vorbereiteten Obst zur Kokosmasse geben.

3 Den Holundersirup mit 50 ml Wasser aufkochen, die Gelatine nach Packungsangabe in kaltem Wasser einweichen und im Sirup auflösen. Den Sirup gut unter den Obstsalat mischen und diesen 30 Min. kalt stellen.

4 Die Zitronenmelisse waschen, trocken schütteln, die Blättchen abzupfen und mit den Cashewkernen und dem Rohrohrzucker mörsern oder in einem hohen Rührbecher mit dem Pürierstab grob pürieren.

5 Kurz vor dem Servieren den Salat mit dem Pesto vermischen. Den Obstsalat auf Desserttellern anrichten und servieren.

ROTE UND GRÜNE GRÜTZE
MIT VANILLESAUCE

Wer seine Gäste beeindrucken möchte, der stapelt Rote und Grüne Grütze übereinander und serviert dazu eine cremige Vanillesauce – natürlich selbst gemacht aus echter Bourbon-Vanille. Ihre aromatische Süße ergänzt zugleich den nur moderat zugesetzten Dicksaft.

250 g TK-Himbeeren
3 EL Agavendicksaft
100 g frische Himbeeren
8 Blatt Gelatine
6 Kiwis
200 ml Apfelsaft
1 Vanilleschote
200 g Sahne
4 Eigelb

AUSSERDEM:
4 sturzfähige Formen oder Gläser
   (ca. 6 cm Ø)

Für 4 Personen
35 Min. Zubereitung
3 Std. Kühlen
Pro Portion ca. 325 kcal, 9 g EW,
21 g F, 23 g KH

1 Die TK-Himbeeren mit 200 ml Wasser in einen Topf geben, aufkochen, 1 EL Agavendicksaft zufügen und den Topf von der Herdplatte ziehen.

2 4 Blatt Gelatine nach Packungsangabe in kaltem Wasser einweichen und in die heiße Masse rühren, bis sich die Gelatine aufgelöst hat. Dann die Masse durch ein feines Sieb streichen, in einer Schüssel auffangen und die frischen Himbeeren zugeben. Die Rote Grütze jetzt in sturzfähige Formen oder Gläser füllen und im Kühlschrank 2 Std. fest werden lassen.

3 Die Kiwis schälen und im Mixer pürieren. Den Apfelsaft in einen Topf geben, aufkochen und dann von der heißen Herdplatte ziehen.

4 Übrige Gelatine nach Packungsangabe in kaltem Wasser einweichen, mit 1 EL Agavendicksaft zum Apfelsaft geben und rühren, bis sie sich aufgelöst hat. Die Kiwimasse durch ein feines Sieb streichen, das Püree auffangen und mit dem Apfelsaft vermischen. Soweit abkühlen lassen, dass die Masse noch gießbar ist, aber bereits so weit abgekühlt, dass man ohne Weiteres seinen Finger reinhalten kann, ohne sich zu verbrennen.

5 Die Grüne Grütze als zweite Schicht auf die Rote Grütze in die Formen gießen und in ca. 1 Std. im Kühlschrank fest werden lassen.

6 Für die Vanillesauce die Vanilleschote längs aufschlitzen und das Mark herauskratzen. Die Sahne aufkochen, restlichen Agavendicksaft und das Vanillemark zugeben. Die Eigelbe mit 2 EL Vanillesahne verrühren, dann in die restliche Sahne geben und gut verrühren, bis die Sauce andickt. Die fertige Vanillesauce durch ein feines Sieb streichen und abkühlen lassen.

7 Die Förmchen kurz in heißes Wasser tauchen und die Grützen auf vier Dessertteller stürzen. Sauce drum herum gießen und das Dessert servieren.

TARTE TATIN
MIT MANDELBLÄTTCHENBODEN

Für dieses Rezept sollten Sie unbedingt eine beschichtete Pfanne benutzen! Der Boden ähnelt einem Florentinerkeks und gibt der Tarte einen tollen Crunch.

50 g Blockschokolade
4 Äpfel
1 EL Butter
2 EL Honig
150 g Mandelblättchen
2 EL Apfelsaft

Für 4 Personen
30 Min. Zubereitung
1 Std. Auskühlen
Pro Portion ca. 403 kcal, 10 g EW,
26 g F, 31 g KH

1 Eine Pfanne mit Backpapier auslegen. Schokolade über einem heißen Wasserbad schmelzen und unregelmäßig auf dem Papier in der Pfanne verteilen.

2 Die Äpfel schälen, vierteln, entkernen und in kleine Bögen schneiden.

3 In einer zweiten beschichteten Pfanne die Butter mit 1 EL Honig bei mittlerer Hitze schmelzen, bis der Honig karamellisiert. Dann die Mandelblättchen in den Karamell geben, gut vermischen und gleichmäßig auf der Schokolade verteilen, sodass ein Mandelboden entsteht.

4 In der Pfanne, in der der Mandelkaramell zubereitet wurde, erneut 1 EL Honig schmelzen lassen. Den Apfelsaft zugeben und den Pfanneninhalt bei mittlerer Hitze ebenfalls karamellisieren lassen.

5 Auf dem Karamell in der Pfanne die Apfelbögen rosettenförmig auslegen und in ca. 5 Min. bei kleiner Hitze garen. Dann den Mandelboden mit dem Backpapier nach unten auf einen Teller ziehen, den Teller umdrehen und verkehrt herum auf die Pfanne legen. Mit Schwung die Äpfel auf den Mandelboden stürzen und in mindestens 1 Std. vollständig auskühlen lassen.

6 Die Tarte Tatin in vier Teile schneiden und auf Desserttellern anrichten.

TONKA-QUARK-SOUFFLÉ MIT FRÜCHTE-DEKO

Was für ein Angeber! Parfümiert sich mit herb-süßem, üppigem Aroma. Plustert sich hinter verschlossener Tür unglaublich auf. Macht dann einen auf heißer Verführer. Und wir? Lieben ihn dafür!

2 Eier (Größe L)
Salz
1 ½ EL Rohrohrzucker
knapp ½ Tonka-Bohne
150 g Magerquark
gut ½ EL Speisestärke
1 Prise Zimtpulver
1 Spritzer Zitronensaft
Früchte der Saison zum Garnieren
 (z. B. 1 kleine Orange, 50 g Heidel-
 beeren, 1 Kiwi)
Puderzucker zum Bestäuben
 (nach Belieben)

AUSSERDEM:
4–6 kleine Souffléförmchen
 mit 8–10 cm Ø
flüssige Butter und feinstes Mandel-
 mehl für die Form

Für 4–6 Personen
30 Min. Zubereitung
Pro Portion (bei 6) ca. 85 kcal,
6 g EW, 3 g F, 8 g KH

1 Die Förmchen sehr gut mit Butter auspinseln und mit Mandelmehl bestreuen. Den Backofen auf 200° (Umluft nicht geeignet) vorheizen.

2 Die Eier trennen. Die Eiweiße mit 1 winzigen Prise Salz sehr steif schlagen, dabei den Zucker nach und nach einrieseln lassen.

3 Die Tonka-Bohne wie eine Muskatnuss auf einer sehr feinen Reibe abreiben. Es wird ca. ¼ TL Abrieb gebraucht.

4 Die Eigelbe mit dem Tonka-Abrieb, Quark, Speisestärke, 1 Prise Zimt und dem Zitronensaft glatt rühren. Den Eischnee auf die Masse geben und dann vorsichtig mit einem Teigspatel unterheben.

5 Die Förmchen bis knapp unter den Rand mit der Quark-Eier-Masse füllen und im heißen Backofen (unten) 12–15 Min. backen und aufgehen lassen. Die Backofentür auf gar keinen Fall öffnen!

6 Inzwischen für die Garnierung die Orange großzügig schälen, sodass auch die weiße Haut komplett entfernt wird. Mit einem spitzen Messer die Orangenfilets aus den Trennhäuten auslösen. Die Beeren verlesen. Die Kiwi schälen, längs halbieren und quer in dickere Halbkreise schneiden.

7 Die aufgegangenen Tonka-Soufflés aus dem Ofen nehmen, an den Rand eines Tellers setzen, nach Belieben hauchdünn mit Puderzucker bestäuben, die Früchte daneben anrichten und das Dessert sofort servieren.

MINI-RICOTTA-KUCHEN
MIT VANILLE, SAFRAN UND BEERENCOULIS

Den kleinen Käsekuchen haben wir frech gewürzt und fruchtig getoppt. So wird er auch ohne Boden und allzuviel Zucker ein Charmebolzen, dem man nur schwer widerstehen kann.

½ Bio-Orange
1 Msp. Safranfäden
½ Vanilleschote
60 g zimmerwarme weiche Butter
50 g Rohrrohrzucker
3 Eier (Größe M)
400 g Ricotta
70 g Himbeeren

AUSSERDEM:
1 Mini-Springform (ca. 16 cm Ø)
Butter für die Form

Für 4–8 Personen
20 Min. Zubereitung
45–50 Min. Backen
evtl. 2 Std. Kühlen
Pro Portion (bei 8) ca. 220 kcal,
7 g EW, 16 g F, 10 g KH

1 Den Backofen auf 175° vorheizen. Die Orangenhälfte waschen und abtrocknen. Die Schale fein abreiben, den Saft auspressen. Die Safranfäden mit gut 1 EL Saft vermischen und auflösen lassen.

2 Inzwischen die Vanilleschote aufschlitzen, das Mark herauskratzen. Die Form gut mit Butter ausstreichen. Die übrige Butter mit 40 g Zucker, den Eiern und dem Ricotta glatt rühren. Safransaft durch ein Sieb dazugießen und mit Vanillemark und Orangenschale unterrühren.

3 Die Masse in die Form geben und im heißen Ofen (Mitte) 45–50 Min. backen. Dann den Kuchen aus dem Ofen nehmen und abkühlen lassen, nach Wunsch noch ca. 2 Std. im Kühlschrank durchkühlen lassen.

4 Zum Servieren die Himbeeren verlesen. Ein paar schöne Exemplare beiseitelegen, den Rest (ca. 50 g) mit 1–2 EL Orangensaft und dem restlichen Zucker aufkochen, dann durch ein Sieb passieren. Die Fruchtsauce auf dem Kuchen verstreichen und den Kuchen mit den Himbeeren garnieren.

FÜR SÜSS-AFICIONADOS:

Wer sich mit zart-süßen Kuchen einfach nicht anfreunden kann, rührt unter die Ricottacreme noch ein paar Tropfen flüssigen Stevia-Süßstoff.

SCHOKO-ERDBEEREN
MIT LIMETTEN-MASCARPONE-SCHAUM

Erst werfen sich schön reife Erdbeeren in Schokoschale, dann baden sie noch in sahnig-fluffiger Mascarpone-Creme: Ein Dessert-Traum zum Dippen für alle Low-Carb-Genießer!

FÜR DIE ERDBEEREN:
12–16 schöne reife Erdbeeren
80 g Zartbitterkuvertüre (am besten 70 % Kakaoanteil)
1–2 TL Kokosöl

FÜR DEN LIMETTEN-SCHAUM:
½ Bio-Limette
1 sehr frisches Ei (Größe M)
3 TL heller Rohrohrzucker
200 g Mascarpone

AUSSERDEM:
12–16 Holzstäbchen
1 Stück Styropor oder 1 große Orange oder Grapefruit zum Arbeiten

Für 4 Personen
30 Min. Zubereitung
1 Std. Ruhen
Pro Portion ca. 425 kcal, 6 g EW, 35 g F, 20 g KH

1 Für die Schoko-Erdbeeren die Erdbeeren nicht entkelchen, sondern nur vorsichtig waschen und sehr gut trocken tupfen. In jede Erdbeere durch den Kelch 1 Holzstäbchen stecken. Styropor bereitlegen oder 1 Orange oder Grapefruit halbieren und mit den Schnittflächen auf einen Teller legen.

2 1 kleines Stück Kuvertüre abreiben (ca. 1 TL), den Rest in Stücke brechen, in eine möglichst schmale Edelstahlschüssel geben und über einem heißen Wasserbad schmelzen, dabei immer wieder umrühren. 1–2 TL Kokosöl unterrühren. Die Kuvertüre sollte dickflüssig von der Gabel tropfen.

3 Wenn die Masse geschmolzen ist, die Schüssel vom Wasserbad nehmen. Die Erdbeeren einzeln bis gut zur Hälfte in die Masse drehen und mit Kuvertüre überziehen. Kuvertüre über der Schokoladenschüssel abtropfen und kurz antrocknen lassen. Dann die Erdbeeren zum Trocknen jeweils mit dem Holzstäbchen in Styropor oder in die Zitrusfruchthälften stecken und mindestens 1 Std. trocknen und ruhen lassen, bis die Schokolade fest wird.

4 Für den Limetten-Mascarpone-Schaum die Limettenhälfte waschen und abtrocknen. Die Schale abreiben, den Saft auspressen. Das Ei trennen. Das Eiweiß steif schlagen, dabei 1 TL Zucker einrieseln lassen.

5 Das Eigelb mit dem übrigen Zucker mit den Quirlen des Handrührgeräts sehr schaumig schlagen. Mascarpone löffelweise zum Eigelb geben und unterrühren. Je 1–2 TL Limettensaft und -schale unterrühren.

6 Den Eischnee auf die Masse geben, dann vorsichtig mit einem Spatel unterheben. Die schaumige Creme auf vier Schüsselchen verteilen und nach Belieben im Tiefkühler ganz leicht anfrieren lassen. Mascarponecreme mit restlicher Limettenschale und der abgeriebenen Schokolade bestreuen und mit je 3–4 Schoko-Erdbeeren dekorieren. Sofort servieren.

KOKOS-PANNA-COTTA
MIT MINZE-PFIRSICH UND KOKOS-CHIPS

Der italienische Dessert-Klassiker gibt sich hier mal ganz
kühl mit zarter Kokos-Kardamom-Note und in fruchtig-minz-
frischer Begleitung. Low-Carb-leckero!

200 ml cremig gerührte, ungesüßte
Kokosmilch (am besten mit
90 % Kokosextrakt; z. B. »Creola de
Coco«; siehe Tipp)
200 g Sahne
½ Vanilleschote
2 Kardamomkapseln
2 EL heller Rohrohrzucker
4 Blatt helle Gelatine
1 EL Kokoslikör (nach Belieben)
1 großer gelber Pfirsich
Minzeblättchen zum Garnieren
1 EL Kokos-Chips

AUSSERDEM:
4 kleine Portionsförmchen

Für 4 Personen
15 Min. Zubereitung
30 Min. Abkühlen
mind. 3 Std. Kühlen
Pro Portion ca. 310 kcal, 5 g EW,
26 g F, 13 g KH

1 Die Kokosmilch mit der Sahne bis kurz vor dem Siedepunkt erhitzen. Die Vanilleschote aufschlitzen, das Mark auskratzen. Die Kardamomkapseln andrücken und mit der Vanilleschote und dem -mark in die Kokossahne geben. Den Zucker unterrühren. Alles ca. 5 Min. ziehen lassen. Gleichzeitig die Gelatine mit kaltem Wasser übergießen und ca. 5 Min. einweichen lassen.

2 Die Kokossahne durch ein Sieb in einen zweiten Topf gießen und nochmals erhitzen. Die Gelatineblätter einzeln aus der Einweichflüssigkeit nehmen, gut ausdrücken, in die Kokosmilch geben und darin unter Rühren auflösen. Zum Schluss nach Belieben den Kokoslikör unterrühren.

3 Die Portionsförmchen mit kaltem Wasser ausspülen, dann die Kokossahne einfüllen. Die Panna cotta bei Zimmertemperatur abkühlen lassen, dann im Kühlschrank noch mindestens 3 Std. durchkühlen lassen.

4 Den Pfirsich nach Belieben kurz in kochendes Wasser tauchen, in einem Sieb eiskalt abschrecken und die Haut abziehen. Den Pfirsich halbieren, den Stein entfernen und das Fruchtfleisch in schmale Spalten schneiden. Die Minze waschen und trocken schütteln. Anschließend die Blättchen abzupfen.

5 De Kokos-Chips in einer Pfanne ohne Fett anrösten, dann herausnehmen. Die Förmchen kurz in heißes Wasser tauchen. Die Ränder mit einem spitzen Messer lösen. Kokos-Panna-cotta jeweils mit Schwung auf einen kleinen Teller stürzen und mit Pfirsichspalten, Minze und Kokos-Chips garnieren.

TIPP

Hier brauchen Sie unbedingt Kokosmilch, die cremig aus der Dose oder dem Tetrapak fließt. Beim Einkauf aufs Etikett achten – die Kokosmilch muss Emulgator enthalten. Nur damit gelingt die Kokos-Panna-cotta perfekt.

TRIFLE MIT JOGHURT, CANTALOUP-MELONE UND MANDELKROKANT

Die Mandeln werden mit zartem Chilikick auf Knusperkurs gebracht, die Melonenwürfel mit Zitronenbasilikum aufgefrischt, dann noch schnell ein paar Kleckse Joghurt dazu, und schon haben Sie ein kleines Verwöhn-Dessert gezaubert.

30 g Rohrohrzucker (Demerara)
Piment d'Espelette (ersatz-
weise 1 Prise fein zerkrümeltes
Chilischrot)
50 g gehackte Mandeln
4 kleine Stängel Zitronenbasilikum
(ersatzweise Zitronenmelisse)
¼ Cantaloup-Melone
(ca. 200 g Fruchtfleisch)
2 TL Limoncello-Zitronenlikör
(ersatzweise ½ TL Honig mit
2 TL Zitronensaft mischen)
400 g Sahnejoghurt

AUSSERDEM:
4 kleine Dessertgläser

Für 4 Personen
20 Min. Zubereitung
Pro Portion ca. 255 kcal, 10 g EW,
17 g F, 10 g KH

1 Für den Krokant einen Teller mit Backpapier belegen. Die Hälfte des Zuckers bei kleiner Hitze in einem Topf schmelzen. Sobald der Zucker flüssig ist, 1 Prise Piment d'Espelette und die gehackten Mandeln unterrühren, bis die Mandeln mit der Masse überzogen sind. Anschließend den Krokant auf das Backpapier stürzen und abkühlen lassen.

2 Basilikum waschen und trocken schütteln. 4 schöne Blättchen abzupfen und beiseitelegen. Restliche Blättchen abzupfen und in Streifchen schneiden.

3 Die Kerne aus der Cantaloup-Melone schaben und entfernen. Die Melone schälen. Das Fruchtfleisch in kleine Würfel schneiden und mit den Basilikumstreifen und dem Limoncello mischen. Die Melonenwürfel bis auf einen kleinen Rest auf vier Dessertgläschen verteilen.

4 Den Sahnejoghurt mit dem restlichen Zucker verrühren und cremig rühren. Den Joghurt auf den Melonenwürfeln in den Gläschen verteilen.

5 Den abgekühlten Krokant mit den Händen auseinanderbröseln oder zerstoßen. Mandelkrokant über den Joghurt streuen.

6 Die Trifles mit beiseitegelegten Basilikumblättchen und restlichen Melonenwürfeln garnieren und sofort servieren oder noch durchkühlen lassen.

JE NACH JAHRESZEIT ...

... können Sie das Trifle variieren. Im Frühjahr passen Erdbeeren, im Sommer Heidelbeeren, Himbeeren oder Brombeeren besonders gut. Auch Nektarinen oder Aprikosen können Sie verwenden, allerdings in etwas kleinerer Menge. Wer Fett und damit Kalorien sparen möchte, nimmt statt Sahnejoghurt Naturjoghurt, vegan wird das Dessert mit Sojaghurt.

JOGHURTMOUSSE
MIT HIMBEEREN UND CRANBERRYS

Es schmeckt lauwarm oder kalt – das Beerencoulis zu der leichten Creme ist ein Knaller. Denn Gegensätze ziehen sich an: Die etwas herberen Cranberrys und die süßen Himbeeren bilden ein superharmonisches Paar.

200 g frische Cranberrys
50 ml Apfelsaft
100 g Himbeeren
3 Blatt Gelatine
1 EL Holunderblütensirup
200 g Naturjoghurt
100 g Sahne

Für 4 Personen
20 Min. Zubereitung
1 Std. Abkühlen
Pro Portion ca. 160 kcal, 3 g EW,
10 g F, 13 g KH

1 Die Cranberrys waschen, mit dem Apfelsaft in eine Kasserolle geben und bei mittlerer Hitze aufkochen, bis die Cranberrys anfangen zu zerfallen. Die Masse abkühlen lassen. Himbeeren verlesen und nur bei Bedarf waschen. Himbeeren zu den Cranberrys geben, wenn diese nur noch lauwarm sind.

2 Die Gelatine nach Packungsangabe in kaltem Wasser einweichen. Den Holunderblütensirup aufkochen. Die Gelatineblätter einzeln aus dem Wasser nehmen, ausdrücken, in den Sirup geben und unter Rühren darin auflösen.

3 Den Sirup zuerst mit 3–4 EL Joghurt verrühren und anschließend unter den restlichen Joghurt mischen. Die Sahne steif schlagen und unter den Joghurt heben. Die Mousse ca. 1 Std. im Kühlschrank kühlen.

4 Zum Anrichten Nocken von der Mousse abstechen, auf vier Desserttellern anrichten und jeweils etwas von der Beerencoulis drum herum verteilen.

SCHICHT FÜR SCHICHT DESSERTGENUSS

Cranberrys enthalten Pektin, deshalb gelieren sie leicht. Und darum sieht das Dessert auch toll aus, wenn Sie es in kleine Gläser schichten und im Kühlschrank bis zum großen Menüfinale gut durchkühlen lassen.

FRÜHLINGSMENÜ

1. Wildkräuter mit Gurke, Blüten und lauwarmem Zanderfilet 34
2. Spargel mit kräuterfrischer Hollandaise 144
3. Trifle mit Joghurt, Cantaloup-Melone und Mandelkrokant 180

SOMMERMENÜ

1. Ceviche vom Loup de Mer 38
2. Hähnchenkeulen auf Löwenzahnspinat und Schmortomaten 100
oder Kaninchen mit schwarzen Oliven und Vanille-Tomaten 110
3. Schoko-Erdbeeren mit Limetten-Mascarpone-Schaum 176

HERBSTMENÜ

1. Sellerie mit Haselnuss, Feldsalat und roter Kresse 21
oder Rucolasalat mit Kräuterseitlingen, Mozzarella, Walnuss und Granatapfel 20
2. Wildgeschnetzeltes mit rosa Pfeffer und Kastanienseitlingen 96
3. Mini-Ricotta-Kuchen mit Vanille, Safran und Beerencoulis 174

WINTERMENÜ

1. Schwarzkohleintopf mit Fenchel, Champignons und Tomaten 72
2. Tafelspitz mit gebackenem Sellerie 86
3. Tonka-Quark-Soufflé mit Früchte-Deko (statt Heidelbeeren Granatapfelkerne) 172

VEGETARISCHES MENÜ

1. Artischocken mit Zitronen-Mayo und Minze-Vinaigrette 40
oder Linsenpuffer mit Joghurtsauce und Eichblattsalat 52
2. Ziegenkäse »brûlée« mit Ratatouille und schwarzen Oliven 140
oder Auberginen-Zucchini-Lasagne mit Linsenbolognese 146
3. Tarte Tatin mit Mandelblättchenboden 170

MEDITERRANES MENÜ

1. Niçoise mit Wachtelei, Tuna-Tataki und Topinambur-Chips 28
oder Gefüllte Sardinen aus dem Ofen 66
2. Aglio olio mit Mönchsbart und Schwarzwurzeln 158
oder Gekochte Lammschulter mit Rauchmandel-Salzzitronen-Gremolata 92
3. Obstsalat mit Zitronenmelissepesto 166

REGISTER DER REZEPTE UND HAUPTZUTATEN

Hier sind neben den Rezeptnamen auch Hauptzutaten aufgelistet. Darunter finden Sie das Rezept Ihrer Wahl. Die Seitenzahlen der vegetarischen Rezepte sind grün gesetzt.

Appetit auf mehr?

ISBN 978-3-8338-4470-6

ISBN 978-3-8338-3780-7

ISBN 978-3-8338-2165-3

ISBN 978-3-8338-5323-4

ISBN 978-3-8338-3999-3

Mehr von GU auf **www.gu.de** und
facebook.com/gu.verlag

Willkommen im Leben.

DIE AUTOREN

Susanne Bodensteiner ist Literaturwissenschaftlerin und leidenschaftliche Köchin, arbeitet seit Jahren erfolgreich als freie Kochbuch-Autorin und -Lektorin. Bei ihren Rezepten, die von den Küchen aus aller Welt inspiriert sind, spielt die Freude am Genuss die größte Rolle – sie kocht den grauen Alltag einfach gern bunt und schön. Und ist seit langem begeistert, wie unbeschwert das auch mit Low-Carb-Zutaten klappt: Denn nicht nur Nudeln machen glücklich!

Sven Katmando Christ schreibt Food-Reportagen und Rezepte für große Magazine und arbeitet als Food-Stylist. Seine Leidenschaft sind die noch zu entdeckenden Rezepte und Zutaten: Um die Nase ständig im Wind zu haben, steht der ehemalige Küchenchef immer wieder mal als Gastkoch in einer Restaurantküche und testet neue Kreationen. Low Carb ist für ihn mehr als zeitgemäß: Die heutige Lebensweise erfordert keine kohlenhydratreiche Küche mehr.

DIE FOTOGRAFIN

Julia Hoersch ist eine vielfach ausgezeichnete Fotografin. Sie arbeitet seit 1991 als freie Fotografin in Hamburg für zahlreiche renommierte Magazine, Agenturen und Buchverlage. Eines ihrer Lieblingsthemen ist Food, wie die Fotos in diesem Buch einmal mehr beweisen. Ein großes Dankeschön geht an **Adam Koor** für das Foodstyling und **Miriam Geyer** für das Styling.

BILDNACHWEIS

Alle Fotos: Julia Hoersch, außer Titelbild: Wolfgang Schardt (Hamburg) und Autorenfotos S. 4: privat

Konzept: Alessandra Redies

Projektleitung: Silvia Herzog

Lektorat: Cora Wetzstein

Korrektorat: Petra Bachmann

Layout und Umschlaggestaltung:
independent Medien-Design, Horst Moser, München

Herstellung: Martina Koralewska

Satz: Knipping Werbung GmbH, Berg bei Starnberg

Reproduktion: Longo AG, Bozen

Druck und Bindung: Firmengruppe APPL, aprinta druck, Wemding

Syndication: www.seasons.agency

Umwelthinweis: Dieses Buch ist auf PEFC-zertifiziertem Papier aus nachhaltiger Waldwirtschaft gedruckt.

© 2016 GRÄFE UND UNZER VERLAG GmbH, München

1. Auflage 2016
Printed in Germany

ISBN 978-3-8338-5335-7

Die GU-Homepage finden Sie unter www.gu.de

 www.facebook.com/gu.verlag

Liebe Leserin, lieber Leser,

haben wir Ihre Erwartungen erfüllt? Sind Sie mit diesem Buch zufrieden? Haben Sie weitere Fragen zum Thema? Wir freuen uns auf Ihre Rückmeldung, auf Lob, Kritik und Anregungen, damit wir für Sie immer besser werden können.

GRÄFE UND UNZER Verlag
Leserservice
Postfach 86 03 13
81630 München
E-Mail:
leserservice@graefe-und-unzer.de

Telefon: 00800/72 37 33 33*
Telefax: 00800/50 12 05 44*
Mo–Do: 9.00–17.00 Uhr
Fr: 9.00–16.00 Uhr
(gebührenfrei in D, A, CH)*

Ihr GRÄFE UND UNZER Verlag
Der erste Ratgeberverlag – seit 1722.

GRÄFE UND UNZER

Ein Unternehmen der
GANSKE VERLAGSGRUPPE

BACKOFENHINWEIS

Die Backzeiten können je nach Herd variieren. Die Temperaturangaben in unseren Rezepten beziehen sich auf das Backen im Elektroherd mit Ober- und Unterhitze und können bei Gasherden oder Backen mit Umluft abweichen. Details entnehmen Sie bitte Ihrer Gebrauchsanweisung.